Susanne Gaschke

SPD

Susanne Gaschke

SPD

Eine Partei
zwischen Burnout
und Euphorie

Deutsche Verlags-Anstalt

Der Verlag weist ausdrücklich darauf hin, dass im Text enthaltene externe Links vom Verlag nur bis zum Zeitpunkt der Buchveröffentlichung eingesehen werden konnten. Auf spätere Veränderungen hat der Verlag keinerlei Einfluss. Eine Haftung des Verlags ist daher ausgeschlossen.

Verlagsgruppe Random House FSC® N001967

1. Auflage
Copyright © 2017 Deutsche Verlags-Anstalt, München,
in der Verlagsgruppe Random House GmbH,
Neumarkter Str. 28, 81673 München
Umschlaggestaltung: Büro Jorge Schmidt, München
Typografie und Satz: DVA/Andrea Mogwitz
Gesetzt aus der Garamond
Druck und Bindung: GGP Media GmbH, Pößneck
Printed in Germany
ISBN 978-3-421-04717-5

www.dva.de

 Dieses Buch ist auch als E-Book erhältlich.

Inhalt

Vorwort

Noch im vergangenen Jahr, 2016, fragte man sich, ob die große, traditionsreiche Volkspartei SPD auf dem Wege sei zu verschwinden. Sie steckte in der Dauerkrise, fuhr bei manchen Landtagswahlen extrem unschöne Ergebnisse (viermal sogar unter 13 Prozent) ein und wurde immer besser darin zu erklären, warum das alles nicht so schlimm sei.

Als langjähriges SPD-Mitglied und als Journalistin, die neben vielen anderen Themen auch immer wieder über die SPD schreibt (früher für die *Zeit*, heute für die *Welt*), beschäftigte mich dieses Phänomen: War die SPD wirklich *so* schlecht? Hatte sie es verdient, derart abzurutschen, teilweise gar auf Platz vier hinter der AfD zu landen? Waren ihre Wähler oder Ex-Wähler einfach undankbar? Die Medien ungerecht?

Ich selbst habe widersprüchliche Erfahrungen mit meiner Partei gesammelt und kann mir durchaus einige Gründe für den Misserfolg vorstellen: einen gewissen Hang zur Besserwisserei zum Beispiel; eine nicht immer überzeugende Personalauswahl und eine sehr spezifische, nervtötende Politsprache, die bei den Sozialdemokraten oft schlimmer ausgeprägt ist als in anderen Parteien. Die SPD hat sich immer als »Programmpartei« verstanden, die ihre Wähler von und mit ihren Inhalten überzeugen wollte. Umso mehr behindert es sie seit einigen Jahren, dass sie ihr Verhältnis zu einem zentralen Reformvorhaben, nämlich Gerhard Schröders »Agenda 2010«, nie richtig klären konnte. Glaubt sie (noch) an das damals verkündete Prinzip des »Förderns und Forderns? Will sie einen Sozialstaat, der den Menschen hilft, das Beste aus ihrem Leben zu machen? Einen aktivierenden Sozialstaat, der auch zweite und dritte Chancen vorsieht – wenn der gestrauchelte oder vom Pech verfolgte Mensch daran mitwirkt, diese Chancen zu nutzen? Oder ist die SPD in Wahrheit immer noch die Partei eines Fürsorgestaates, der Sozialleistungen und Bildungszertifikate verteilt, ohne dass die Beglückten selbst etwas tun müssen? In einer Organisation, die so groß und deren Mitgliedschaft so vielfältig ist, kommen selbstverständlich alle Auffassungen vor, die zwischen diesen beiden Polen Platz finden. Aber bis die SPD in dieser Frage nicht mehr mit sich selbst im Reinen ist, wird das Publikum ihr latent misstrauen.

Das gleiche gilt für ein nervöses Flirten mit den unterschiedlichen Koalitionsoptionen jenseits der Großen Koalition. Martin Schulz darf nicht in die Sprunghaftigkeit der Nach-Schröder-Ära zurückfallen, in der am einen Tag Rot-Rot-Grün und am anderen Tag die »Ampel« mit FDP und Grünen möglich scheint – ohne Diskussion über die Vereinbarkeit der Positionen und politischen Haltungen. Wenn der Partei zuletzt etwas wirklich geschadet hat, dann war es ihr Verzweiflungsopportunismus. Man traute ihren Vertretern zu, dass sie *alles* tun würden, um sich aus der Dauerkrise zu befreien. Aber eine Partei, die zu praktisch allem bereit scheint, wirkt wenig vertrauenerweckend.

Reichten alle diese Gründe für eine derart konsequente Unterbewertung der SPD über so lange Zeit? Während ich beim Schreiben noch um ein Urteil rang, kam Martin Schulz. Und das gesamte 20-Prozent-Umfragen-Elend, in dem man sich eingerichtet hatte, schien auf einen Schlag zu verschwinden. Plötzlich wirkte die SPD wieder wie eine fröhliche Partei, die stärkste Kraft in Deutschland werden und den Kanzler stellen könnte. Der Burnout war vorbei.

Dieser Wahnsinns-Stimmungsumschwung ist nun ebenfalls erklärungsbedürftig: Kann es denn allein an dem einen Mann an der Spitze liegen, wie eine ganze Partei wahrgenommen wird? Dann müssten die Sozialdemokraten sich Vorwürfe machen, Sigmar Gabriel nicht schon viel früher abgelöst zu haben. Aber in Wirklichkeit hat kaum jemand solch eine außergewöhnliche Trendwende für möglich gehalten. Vollkommen offen ist die Frage, wie nachhaltig sie sein kann. Das hängt zu einem großen Teil auch davon ab, wie gut es Martin Schulz gelingt, die langfristigen, strukturellen Probleme der Partei zu lösen.

Am Anfang seiner Amtszeit hat er die Chance dazu, denn für die Monate der Kampagne ist der Kandidat heutzutage tatsächlich entscheidender als die Partei und deren Zustand. Deshalb muss Schulz sich von Anfang an durchsetzen, denn für die Jahre des Regierens ist es dann die Partei, die Koalitionen schließt und im Amt hält, und deshalb ist es nicht unerheblich, was sie denkt, wie sie agiert und wie sie fühlt.

Martin Schulz hat die SPD wieder hinter einem Kampfbegriff versammelt: soziale Gerechtigkeit. Mit diesem Begriff fühlt die Partei sich wohl. Aber wenn es dabei um mehr gehen soll als um die Rückabwicklung der schröderschen Agenda-2010-Politik, dann muss dieser Begriff mit neuer Bedeutung gefüllt werden.

Ich mache in diesem Buch drei Vorschläge, wie man sich sozialer Gerechtigkeit nähern könnte – jenseits vom Arbeitslosengeld. Erstens muss die SPD die Bildungsreformen der vergangenen dreißig Jahre einer kritischen Bestandsaufnahme unterziehen: Was hat genutzt, was hat geschadet? Was können Schülerinnen und Schüler heute wirklich, wenn sie die Schule verlassen? Was muss besser werden, damit sie souveräne, urteilsfähige Mitbürger sein können? Das ist im deutschen Föderalismus zwar Ländersache, aber es betrifft ganz Deutschland. Niemand könnte die SPD daran hindern, einen großen, der Schule gewidmeten

Parteitag abzuhalten, auf dem die gesamte Partei das Thema (selbst)kritisch diskutiert.

Zweitens bewegen die Themen Integration und innere Sicherheit die Bevölkerung in erheblichem Maße. Leider sind das auch die Themen, mit denen Rechtspopulisten Stimmung machen. Das darf aber nicht dazu führen, dass die SPD diese Sorgen ignoriert. Sichere Nachbarschaften, sichere Städte und respektvoller Umgang miteinander sind elementare Aspekte von sozialer Gerechtigkeit. Die SPD hat in Bund, Ländern und Kommunen viel konkrete Integrationspolitik zu verantworten gehabt. Sie muss ernsthaft prüfen, wie gut diese gelungen ist.

Drittens stellt die Digitalisierung unsere Gesellschaft vor radikale Fragen: Wie sieht die Arbeit im digitalen Kapitalismus aus? Wie schützen wir uns gegen Überwachung und Manipulation? Was macht das Internet mit unserer demokratischen Öffentlichkeit?

Die SPD muss diese Fragen beantworten, wenn sie wieder nachhaltig erfolgreich werden will. Dass sie an Sprache und Stil, Sitzungskultur und Personalauswahl etwas ändern sollte, um attraktiv, um jünger und lebendiger zu werden, halte ich darüber hinaus ebenfalls für wichtig. Aber das ist, wenn man einmal die Massen von Literatur ansieht, die geschrieben wurden, um die Sozialdemokratie zu beraten, kein besonders origineller Punkt.

Originell wäre, wenn eine wieder erstarkte SPD mit der anderen großen Volkspartei den Streit um die richtige Politik offen austrüge. Wenn es gelänge, die extremen Ränder klein zu halten. Dann könnte unser politisches System vielleicht den populistischen und autoritären Tendenzen entgehen, die sich gegenwärtig in so vielen Gesellschaften Europas ausbreiten. Eine starke SPD bedeutet ein starkes System der Volksparteien – und das hat uns bisher in Deutschland viel Gutes gebracht.

Berlin, April 2017

1

Ist nach der Krise vor der Krise?

Das Jahr 2017 hat für die deutsche Sozialdemokratie eine fast schon historische Trendwende gebracht.

Knapp acht Jahre lang hieß ihr Vorsitzender Sigmar Gabriel. Nach dem Desaster mit ihrem Kanzlerkandidaten Frank-Walter Steinmeier 2009 (23 Prozent) fuhr die SPD 2013 mit Peer Steinbrück (25,7 Prozent) erneut ein katastrophales Ergebnis ein. Irgendwann schien sie sich nicht einmal mehr eines Wähleranteils von 20 Prozent sicher sein zu können, und die Parteiführung hatte ein beachtliches Talent entwickelt, selbst marginale Stimmungsverbesserungen schön zu reden. Kletterte ein Umfrageergebnis von 19 auf 21 Prozent, war verspannter Frohsinn angesagt.

In vier Bundesländern kam die SPD bei Landtagswahlen auf Ergebnisse unter 13 Prozent: Sachsen 12,4; Thüringen 12,4; Baden-Württemberg 12,7 und Sachsen-Anhalt 10,6 Prozent. 2016 bedeutete das jeweils Platz vier hinter Grünen, CDU und AfD (Baden-Württemberg) oder hinter CDU, AfD und Linken (Sachsen-Anhalt). Man hatte sich über einen langen Zeitraum daran gewöhnt, 20-Prozent-Ergebnisse für gut und normal zu halten, wenn man damit wenigstens zweitstärkste Partei (Bayern: 26,6 Prozent) oder gar stärkste Kraft (Berlin: 21,6 Prozent) werden konnte.

Damit schien die SPD auf einem Weg nach unten zu sein, den andere sozialdemokratische Parteien in Europa schon gegangen waren: In Polen sind die Sozialdemokraten nicht mehr im Parlament vertreten, sie scheiterten an der dort geltenden Acht-

Prozent-Hürde. In die Bedeutungslosigkeit geschrumpft ist die einst mächtigste Partei Griechenlands, die Pasok. Und längst Geschichte ist in Italien die sozialdemokratische Regierungspartei des Ministerpräsidenten Bettino Craxi. Die Partita Socialista Italiano führt heute ein kümmerliches Dasein.

Parteien können verschwinden.

In Großbritannien mobilisiert der Parteivorsitzende Jeremy Corbyn eine fundamentalistische Neo-Linke gegen den parlamentarischen Labour-Mainstream. In den Niederlanden landete die sozialdemokratische PvdA bei den Parlamentswahlen auf Platz 7. Und in Frankreich wurde der Sozialist François Hollande zum unbeliebtesten Präsidenten aller Zeiten.

Doch in Deutschland sollte es anders kommen. In Deutschland geschah Martin Schulz. Niemand weiß ganz genau, was Sigmar Gabriel letzten Endes dazu bewogen hat, Kanzlerkandidatur und Parteivorsitz an den langjährigen Europaabgeordneten und Präsidenten des Europäischen Parlaments abzugeben. Aber er hätte seiner Partei wohl keinen größeren Gefallen tun können.

Martin Schulz riss die SPD – und mit ihr die Öffentlichkeit – in einen Taumel wie ein politischer Messias. Tausende strömten zu Polit-Veranstaltungen, die Monate zuvor die reinsten Ladenhüter gewesen wären. Es gab Massen von Online-Eintritten, die Parteibücher wurden knapp. Jusos hielten Schilder mit Aufschriften wie »Gottkanzler«, »Martin, du geile Sau« oder »Martin, ich will eine Regierung von dir!« in die Höhe. Veranstaltungsgäste konnten sich neben lebensgroßen Martin-Schulz-Aufstellern aus Pappe fotografieren lassen und taten das auch.

Sozialdemokraten, die sonst oft eine leicht frustrierte Ausstrahlung haben, lächelten befreit in jede Fernsehkamera. Und die Umfragen, die sie in den vergangenen Jahren zu fürchten gelernt hatten, wurden endlich wieder ihre Freunde: Innerhalb kürzester Zeit zog die SPD gleichauf mit der Union, hatte der Kandidat die Bundeskanzlerin an Beliebtheit überflügelt, lagen die Sozialdemokraten – kaum zu glauben! – sogar bei den unter 25-Jährigen und im Osten vor der Union. Die Medien waren von diesem Erfolg fasziniert und heizten ihn zunächst weiter an.

Wie erklärt man das Phänomen Schulz? Die Partei ist ja nicht über Nacht eine andere geworden. Und was der Kandidat landauf, landab jubelnden Menschenmengen zurief, war SPD pur, stammte fast komplett aus der sozialdemokratischen Textbausteinkiste. Es ging um soziale Gerechtigkeit, faire Löhne, sichere Renten, bezahlbare Mieten, Kitas statt Bürotürme, Kampf den Rechtspopulisten. Es ist nicht so, dass Sigmar Gabriel das Gegenteil erzählt hätte. Und genau so redeten auch Matthias Platzeck, Kurt Beck und Franz Müntefering, Gabriels Vorgänger. Was also hat die Begeisterung ausgelöst?

Nicht zu unterschätzen ist sicher die Müdigkeit, die viele Menschen nach zwölf alternativlosen Jahren mit Angela Merkel empfanden. Gabriel schien ihnen offenbar keine seriöse und wählbare Option zu sein, Schulz, der mit der deutschen Politik und vor allem mit der Großen Koalition nur als (in dieser Funktion weitgehend unsichtbares) Mitglied des SPD-Parteipräsidiums zu tun hatte, offenbar schon.

Und dann ist da der Gestus, mit dem der neue Mann auftrat. Schulz ist selbstbewusst (»Ich will Bundeskanzler der Bundesrepublik Deutschland werden!«) und gibt sich durchaus autoritär, anführerhaft – was auch für manche Wähler und Sympathisanten von Protestparteien attraktiv sein dürfte. Es gelingt ihm auf authentische und sympathische Art, Schwächen einzugestehen. Zu besichtigen war das nach der Saarland-Wahl im März 2017, bei der deutlich wurde, dass die Aussicht auf eine rot-rot-grüne Koalition der SPD geschadet und die Anhänger der CDU maximal mobilisiert hatte. Schulz gestand nüchtern Enttäuschung und Niederlage ein, das unterschied sich wohltuend von den sonst üblichen Beschwichtigungsparolen. Aber es wurde eben auch deutlich, dass ein Mann allein nicht alle schlechten Angewohnheiten einer Partei mit einem Schlag überwinden kann.

Schulz positionierte sich als Anti-Establishment-Angebot, als Mann aus dem Volk. Er will einer sein, der eine verständliche Sprache spricht. Ein Verfechter der zweiten Chance für alle, weil er selbst mit Lebenskrisen zu kämpfen hatte. Dass jemandem, der in Brüssel jahrelang an allen europäischen Strippen zog und so viel verdient hat wie die Bundeskanzlerin in Berlin, die antielitäre Inszenierung abgenommen wird, ist erstaunlich – aber allem Anschein nach nehmen die SPD-Anhänger sie ihm nicht übel.

Der neue Parteivorsitzende punktete zunächst mit einer Rolle rückwärts in die Zeiten vor Gerhard Schröder und seiner »Agenda 2010«. Er malte Deutschland als tief gespaltenes Land, in dem es sozial nicht gerecht zugehe – und machte dafür explizit den »neoliberalen Mainstream« und die rot-grüne Agenda-Politik verantwortlich, von der er sich weitgehend verabschiedet zu haben scheint. Seine Spaltungs-Rhetorik hat er nach einigen Wochen wieder abgeschwächt.

Dass die Erzählung vom gespaltenen Land überhaupt von manchen bejubelt wurde, ist durchaus nicht selbstverständlich: In Zeiten florierender Wirtschaft, deutlich steigender Löhne und Renten sowie faktischer Vollbeschäftigung muss es eigentlich mehr Menschen besser gehen als je zuvor. Aber erstens hat natürlich jede Zeit neue Härten: Arbeitsverdichtung, Degradierungsdruck, unklare Hierarchien und die komplexe Organisation von Familie und Beruf betreffen fast alle, auch die Gutverdienenden. Und zweitens gibt es ein neues Dienstleistungsproletariat, das schlecht bezahlt und ohne Aufstiegsmöglichkeiten in der Pflege, im Wach- und Schließgewerbe, in der Gebäudereinigung oder bei Paketdiensten schuftet. Diese Menschen haben jeden Grund, sich eine bessere Lebensperspektive zu wünschen.

Vielleicht haben viele, die Martin Schulz zujubeln, auch gar keine allzu konkrete Erwartung an die SPD, sondern hoffen, Schulz' Gerechtigkeitsrhetorik könne uns irgendwie zurückzaubern in eine Ära, in der es übersichtlicher, langsamer und weniger aggressiv zuging als heute. In der die Globalisierung nicht von morgens bis abends scheinbare oder tatsächliche Sachzwänge diktierte. In der es Kinder tatsächlich besser hatten als die Elterngeneration und man selbstverständlich mit dem Einkommen aus einer Stelle im Industriebetrieb oder im öffentlichen Dienst bequem das Reihenhaus abbezahlen konnte. Eine Ära, in der die Digitalisierung einem noch nicht ständig die Konzentration raubte – und vor allem nicht drohte, auch noch die Arbeitsplätze zu vernichten. Zurück in Zeiten, als das Elend anderer Länder noch nicht an unsere Tür klopfte.

Das Problem für Martin Schulz und die SPD besteht darin, dass man mit den alten Antworten – mehr Arbeitsmarktregulierung, hohe Steuern, mehr Sozialleistungen, hohe Staatsverschuldung – allenfalls einem Teil der neuen Probleme beikommen kann, die uns die beschleunigte, globalisierte und digitalisierte Welt beschert. Wenn nicht alles wieder so wird wie in den siebziger Jahren der Bundesrepublik – und das wird sehr wahrscheinlich nicht geschehen –, könnte die Schulz-SPD schneller Produktenttäuschung hervorrufen, als man »August Bebel« sagen kann.

Der kometenhafte Aufstieg des neuen SPD-Vorsitzenden zu Beginn seiner Amtszeit rückt allerdings eine andere spannende Frage ins Rampenlicht: Wie wichtig sind eigentlich Parteien heute? Die SPD hat immer noch dasselbe Grundsatzprogramm, dieselben Kommunalwahlprogramme, dieselben Kommunal-, Landes- und Bundespolitiker, dieselben Bräuche und Rituale wie in den 20-Prozent-Zeiten 2016, 2015, 2014 … Sie regiert in vielen Kommunen und in der Mehrheit der Länder, sie trägt seit 1998 immer wieder Regierungs(mit)verantwortung im Bund, stellt Kanzler und Vizekanzler. Und quasi über Nacht wird sie vom Umfrageabsteiger zum Champion? Weil sie plötzlich ganz anders ist? Das klingt unwahrscheinlich.

Wahrscheinlich ist, dass einerseits Parteien und ihre Mitglieder bei Wahlen eine immer geringere Rolle spielen – die Inszenierung und der Spitzenkandidat sind längst wichtiger als die von tapferen Genossen selbst im Dauertief zuverlässig bemannten Infostände in den Fußgängerzonen. Die Wähler sind launisch und wechselhaft, die Wahlergebnisse zeigen große Ausschläge. Da kommt es auf Reaktionsschnelligkeit an – und Parteiapparate, die eher wie Firmen organisiert sind, haben einen Vorteil. Donald Trump in den USA, Silvio Berlusconi in Italien, Emmanuel Macron in Frankreich, sie haben vorgemacht, wie man rasche, zum Teil auch durchaus nachhaltige Erfolge erzielt ohne geschlossene große Mitgliederpartei im Rücken.

Grüne, Linkspartei, FDP und jetzt auch die AfD funktionieren seit Jahren mit einem Bruchteil der Mitgliederbasis ihrer Volksparteikonkurrenten. Doch auch damit kann man Länder erobern, wie Grüne in Baden-Württemberg und Linke in Thüringen schon vorgemacht haben, oder aus dem Stand ein Viertel der Wählerstimmen gewinnen wie die AfD in Sachsen-Anhalt.

Andererseits: Beim Regieren (»auf der Strecke«, wie der zweimalige SPD-Vorsitzende Franz Müntefering gern sagte) ist die Volkspartei SPD ja immer noch da. Und sie ist, wie der *Zeit*-Journalist Peter Dausend einmal liebevoll-spöttisch geschrieben hat, die parteihafteste aller Parteien – mit all ihren Ortsvereinsvorsitzenden, Juso-Delegierten, Kämpferinnen aus der Arbeitsgemeinschaft Sozialdemokratischer Frauen, den Bürgermeistern, Landesministern, Ministerpräsidenten, Abgeordne-

ten, Fraktionsvorsitzenden, Bundesministern, Präsidiumsmit-
gliedern, Kommissionsvorsitzenden, die allesamt von Martin
Schulz erwarten, dass er auf das hört, was sie beitragen wollen.
Und sie haben natürlich das gute Recht dazu. Helmut Schmidt
und Gerhard Schröder, beide erfolgreiche sozialdemokratische
Bundeskanzler, scheiterten letzten Endes auch, weil sie sich der
Mehrheit in der eigenen Partei nicht mehr sicher sein konnten.

Klar sein muss also: Wer SPD wählt, weil er Schulz will, kriegt
im Ernstfall tatsächlich auch die SPD. Wer mit Schulz koaliert,
koaliert auch mit der SPD. Deshalb ist es nicht unerheblich, mit
was für einer Partei wir es da zu tun haben, wir (Neu-)SPD-Wäh-
ler, wir (Neu-)Mitglieder, wir (Neu-)Koalitionspartner in spe.

Einige Vermutungen über das Wesen der Partei glaube ich
anstellen zu können – als Journalistin, die seit 20 Jahren über
deutsche Politik berichtet. Und als Mitglied, das seit mehr als
dreißig Jahren der SPD angehört und wechselvolle Erfahrungen in und mit ihr gemacht hat. SPD: die Partei hinter Martin Schulz.

2

Gestatten: Das ist die SPD

Die SPD ist die älteste Partei Deutschlands. 1863 gilt als Gründungsjahr. Manche sagen sogar: Die SPD ist eine der ältesten Parteien der Welt, wenn nicht die älteste, denn die Whigs und die Tories aus dem England des 17. und 18. Jahrhunderts zum Beispiel waren zunächst parlamentarische Zusammenschlüsse von Abgeordneten, keine landesweiten Mitgliederparteien.

Die SPD *ist* eine Mitgliederpartei. Sie besteht nicht überwiegend aus Funktionären und Berufspolitikern – wie etwa die FDP oder die Grünen –, sondern aus Hunderttausenden von Genossinnen und Genossen, die sich ehrenamtlich für die Ziele ihrer Partei einsetzen und diese so in die Gesellschaft tragen. Der SPD beizutreten, kann zweierlei bedeuten. Entweder es ist eine generelle politische Willensbekundung. Dann bleibt man wahrscheinlich Karteileiche. Oder aber es ist so etwas wie »Ich heirate eine Familie«. Dann wird die SPD ein Ort, wo Ehepartner sich kennen lernen. Wo Kinder, die ihre Eltern nicht total unerträglich finden, Juso-Mitglieder werden. Wo Sozialdemokraten in dieselben Neubaugebiete ziehen. Wo man zusammen grillt, Grünkohl isst, singt, Bücher liest, Wahlkämpfe plant, streitet und sich verträgt, wo man zu diskutieren und für die eigene Sache zu argumentieren lernt.

Dieses Konzept der Parteimitgliedschaft als Lebensentwurf stammt aus der Zeit der Arbeiterbewegung gegen Ende des 19. Jahrhunderts, als die Sozialdemokraten sich der Selbstorganisation der Werktätigen widmeten. Dabei waren sie eng

verbunden mit Gewerkschaften, Konsum- und Wohnungs-
baugenossenschaften, Arbeiterwohlfahrt, Siedlerbünden, Arbei-
ter-Turn- und Bildungsvereinen bis hin zur Büchergilde Guten-
berg. Dieses Vereinsgeflecht, das manchen Individualisten heute
extrem spießig vorkommen mag, hat sich in Teilen erhalten –
und ist in Zeiten der zunehmenden gesellschaftlichen Fragmen-
tierung kein unattraktives Gegenmodell. Es bräuchte nur gelegentlich eine sanfte Anpassung der Ausdrucksformen.

Die SPD ist die Partei August Bebels, Friedrich Eberts, Otto
Wels', Kurt Schumachers, Willy Brandts, Helmut Schmidts,
Gerhard Schröders, Sigmar Gabriels – und jetzt Martin Schulz'.
Sie hat das Frauenwahlrecht erstritten; tapfer gegen den Natio-
nalsozialismus gekämpft und dafür mit dem Parteiverbot und
der Verfolgung ihrer Mitglieder bezahlt. Mit der Ostpolitik hat
sie geholfen, den realen Kommunismus aufzuweichen; ihr Bundeskanzler Helmut Schmidt konnte sich zugutehalten, dazu mit
der Härte des Nato-Doppelbeschlusses beigetragen zu haben.
Rot-Grün reformierte in der Regierungszeit Gerhard Schröders das Staatsbürgerschaftsrecht und brachte eine ganz neue
Familienpolitik auf den Weg. Schröder hat Deutschland auch
aus dem verheerenden und unsinnigen Irakkrieg herausgehalten.

Seine »Agenda 2010« war ein umstrittenes Paket von politischen Maßnahmen gegen die Massenarbeitslosigkeit, mit denen
die Partei von Anfang an gehadert hat. Aber: Viele Wirtschafts-
wissenschaftler und Kommentatoren sehen in der Agenda-Politik einen wichtigen Grund dafür, dass sich Deutschland jetzt, am
Ende der zweiten Dekade des 21. Jahrhunderts, über fantastische
Wirtschafts- und Arbeitsmarktdaten freuen kann. Die französi-
sche Politik diskutiert immer wieder darüber, ob sich das deutsche Modell kopieren lässt.

Als Mitgliederpartei lebt die SPD immer noch von dem
Anspruch, dass die Genossen in den über 10 000 Ortsvereinen,

in den vielfältigen Arbeits- und Betriebsgruppen durch Weiterbildung, durch Diskussionen und Beschlüsse zum Gesamtwillen der Partei beitragen. Das war ein Grund, warum man in die Partei eintrat: Weil man in irgendeiner Form Einfluss auf die Politik nehmen wollte, die in Deutschland gemacht wird.

Parteien in der deutschen Parteiendemokratie sind nach Ansicht des legendären Verfassungsrechtlers Gerhard Leibholz der Ort des permanenten »Plebiszits« einer demokratischen Öffentlichkeit. Im Idealfall kann ein Antrag, den ein Ortsverein eingebracht hat, auf einem Bundesparteitag angenommen und dann von einer SPD-Regierung verwirklicht werden. Und das kommt tatsächlich vor. Ein schönes Beispiel für die Wirksamkeit solcher Basisdemokratie ist der Antrag der sächsischen Jusos, den Einsatz eines Trojaners im Computer eines Tatverdächtigen ebenso an einen richterlichen Beschluss zu binden wie das Abhören seines Telefons. Das führte über die damalige CDU/SPD-Koalition in Sachsen und über den Bundesrat zur rechtsstaatlichen Nachbesserung eines schon ausgehandelten Bundesgesetzes. Ein greifbarer Erfolg junger aktiver SPD-Mitglieder aus der Provinz.

Dieser direkte Einfluss von Gliederungen und Parteitagen hat allerdings über die Jahre eher abgenommen. Das liegt zum einen daran, dass manche politischen Stoffe derart kompliziert geworden sind, dass eine sinnvolle Laiendiskussion darüber kaum zu führen ist. Zum anderen hat die mediale Inszenierung von Parteiereignissen für die Parteiführung immer mehr an Bedeutung gewonnen: Heikle Themen werden gern von der Regie, also von Mitgliedern des Parteivorstands und von der Antragskommission, die einen reibungslosen Ablauf sicherstellen wollen, unter den Teppich gekehrt. Der Maßstab für die akzeptable Dauer stehenden Applauses auf Parteitagen liegt jenseits von fünf Minuten, kürzer sollten die Genossen auf keinen Fall klatschen. Wahlergebnisse bei Vorstandswahlen sollen am liebsten »sozialistisch« sein, natürlich unter 100, aber dringend über 90 Prozent. Im Falle der 100-Prozent-Schulz-Wahl kannten die Delegierten aber kein Halten mehr, jeder einzelne war ja schließlich angereist, um den neuen Hoffnungsträger mit auf den Schild zu heben. Wie schwer ein solche Mega-Ergebnis wiegen kann, ließ Martin Schulz kurz erkennen, als er nach Verkündung der Stimmenzahl (605 von 605) kurz den Kopf in die Hände legte. Der Vertrauensvorschuss, der sich in solcher Einstimmigkeit spiegelt, ist gewaltig. Die Erwartungen sind es auch.

Es gehört zum leicht masochistischen Charakter der SPD, dass sich ihre Mitglieder vielerorts beim Bier im kleinen Kreis über den Einflussverlust auf Parteiversammlungen beklagen, sich im Zweifelsfall aber brav zum Dauerapplaus von den Sitzen erheben. Schließlich muss man den Medien ja Geschlossenheit zeigen. In den Zeiten von Martin Schulz macht das ja auch wieder mehr Spaß.

»Geschlossenheit« ist, wenn ich die Jahrzehnte meiner eigenen Parteizugehörigkeit betrachte, zumindest rhetorisch immer wichtiger geworden. Gut daran ist, dass der lange Zeit in der SPD gültige Grundsatz »Leg dich quer, dann bist du wer« nicht mehr vollumfänglich und selbstverständlich gilt, so dass spektakuläre Extremforderungen – wie zum Beispiel Oskar Lafontaines 1999 gegen jede damalige Parteilinie verstoßender Vorschlag, Arbeitslosenhilfe und Sozialhilfe zu einer Leistung zusammenzulegen – seltener geworden sind. Dass das mehr Taktik als tiefe Überzeugung war, zeigt sich bis heute daran, dass Lafontaine später mit der Linken sogar eine eigene Partei gründete, die seine damaligen Positionen bekämpft. Lafontaine und Gerhard Schröder profilierten sich mit Kritik an der Nachrüstungspolitik ihres eigenen Kanzlers – die sich übrigens historisch als richtig erwies. Ergebnis: die doppelte Nulllösung.

Schwierig wird es, wenn Geschlossenheit zur Friedhofsruhe verkommt, wenn große Themen nicht länger offen besprochen werden können oder wenn es Ersatzdiskussionen anstelle von Debatten über die Dinge gibt, die allen auf der Seele liegen. So war es zum Beispiel im Herbst 2015, als es eigentlich um den grundsätzlichen Kurs der SPD zwischen stramm links und Mitte-links ging, die Partei aber leidenschaftlich über die Freihandelsabkommen TTIP und CETA stritt. Hätten da nicht alle so verzweifelt an der »Geschlossenheit« gehangen und statt über den abstrakten Freihandel über den konkreten Schlingerkurs der Parteiführung diskutiert – man hätte den »Schulz-Effekt« vielleicht schon anderthalb Jahre früher haben können. Im Übrigen gelingt es mit wenig Fantasie, sich einige Probleme vorzustellen, die den Alltag potenzieller SPD-Wähler stärker beeinflussen als der europäische Freihandel mit Kanada. Aber in Wahrheit sollte eben dem damaligen Wirtschaftsminister und Noch-Parteivorsitzenden eine »linke« Position aufgezwungen werden. Auch so sehen SPD-Siege aus.

Ein wenig entlarvend wirkt der stete Appell an die Geschlossenheit auch deshalb, weil Illoyalität bis hin zum Verrat den Genossen ja nicht vollkommen fremd ist – ebenso wie ständige Kritik am Vorsitzenden seit über 150 Jahren zu ihrer DNA gehört: Oskar Lafontaine putschte 1995 Rudolf Scharping aus dem Amt des Parteivorsitzenden. 2008 wetzten Sozialdemokraten die Messer gegen ihren etwas glücklosen, aber hoch anständigen Vorsitzenden Kurt Beck (»Schwielowsee«, der Ort des Geschehens, ist die Kurzformel für dieses Manöver geworden). Und die Unzufriedenheit mit, ja, die schiere Verzweiflung über Sigmar Gabriel war seit Jahren Thema, wo auch immer zwei Genossen zusammenstanden. Er entging möglicherweise auch deshalb einem Aufstand, weil die Umfragezahlen der SPD 2016 so abenteuerlich schlecht waren, dass niemand gegen ihn um die

Kanzlerkandidatur kämpfen wollte. So hat nun Martin Schulz den Vorteil, ehrenhaft in seine Position hineinkomplimentiert worden zu sein, auf Vorschlag Gabriels im *Stern*.

Was aber ist das für eine Partei, für die Schulz jetzt antritt? Wie lange wird die geradezu euphorische Begeisterung der Genossen andauern? Bei aller Sehnsucht nach Geschlossenheit und abgesehen von den gelegentlichen Putschversuchen: Die SPD ist immer noch das, was die beiden Parteienforscher Peter Lösche und Franz Walter sehr anschaulich als »lose verkoppelte Anarchie« bezeichnet haben. Jeder Funktionär kann – auf Kreis-, Landes- und Bundesebene – weitgehend tun und sagen, was er will, und macht davon auch Gebrauch. Das schöne Grundsatzprogramm der Partei (auch schon wieder zehn Jahre alt) liest kein Mensch mehr, ebenso wenig wie irgendwelche 105-seitigen Kommunalwahlprogramme. Und was soll man davon halten, dass Sozialministerin Andrea Nahles über lange Zeit die großartigen Arbeitsmarktzahlen und die sich ständig verbessernden Lebensverhältnisse in Deutschland lobt – Martin Schulz im *Spiegel*-Interview aber zu Protokoll gibt, Deutschland sei »kein gerechtes Land«? Wie geht das zusammen mit Frank-Walter Steinmeiers froher Botschaft, kaum irgendwo auf der Welt gebe es mehr Chancen als bei uns, in Deutschland? Wem soll man folgen: denen, die bei jeder Gelegenheit vor »rechten Rattenfängern« warnen – oder Hamburgs Erstem Bürgermeister Olaf Scholz, der zu einer intellektuell präzisen Auseinandersetzung mit den Rechtspopulisten rät?
Es gibt nicht die *eine* Stimme, die für die SPD spricht. Nie. Weil die SPD eine demokratische, eine streitbare und streitende Partei ist. Genau deshalb kommt es eben doch auf sie an, auf den Diskursrahmen, den sie sich gibt. Und auf die zweite und die dritte Reihe, nicht nur auf den Kanzlerkandidaten-Vorsit-

zenden. Und Generalsekretärin Katarina Barley könnte vermutlich aus den Gabriel-Jahren einiges darüber erzählen, wie es ist, wenn aus dem Vorsitzenden selbst mehrere Stimmen sprechen.

Es gibt natürlich einige Eckpfeiler. Die Werte »Freiheit, Gerechtigkeit, Solidarität« sind ganz überwiegend die gemeinsame Grundierung, das gedankliche und emotionale Gerüst, das alle Sozialdemokraten teilen. Über »Freiheit« muss man mit Christdemokraten und Liberalen nur insofern streiten, als Sozialdemokraten nicht nur die Freiheit *von* Not und Gewalt meinen, sondern auch die Freiheit *zur* Teilhabe am politischen und gesellschaftlichen Leben. Politik muss Menschen nach dieser Lesart materiell und intellektuell in den Stand setzen, ihr eigenes Schicksal und das Schicksal des Gemeinwesens zu gestalten. Dafür reicht nicht die Abwesenheit von staatlichem Zwang, dafür sind aktive Sozial- und Bildungspolitik notwendig.

Spannend sind »Gerechtigkeit« und »Solidarität«. Die historische SPD hatte es leichter, für »Gerechtigkeit« zu kämpfen, als es in Deutschland noch Hungerlöhne, lebensgefährliche Arbeitsbedingungen, schreckliche Arbeitszeiten und eine weitgehende Rechtlosigkeit der Frauen gab. Und sie tat das – neben der Organisation von Tarifinteressen – mit einem bemerkenswert liberalen Konzept: Arbeiter sollten lesen, lernen, Kunst und Kultur erleben, sich selbst verbessern. Heute hat die SPD weitgehende Rechte für Arbeiter und Frauen erstritten, außerdem für Kinder, für Schwule, für Lesben und Transgenderpersonen. Es ist fraglich, wie weit sich der Gerechtigkeitsbegriff noch ausdifferenzieren lässt, ohne unscharf zu werden. Es ist außerdem fraglich, ob sozialdemokratisch inspirierte Bildungspolitik noch hinreichend auf die Selbstverbesserung der Menschen setzt – oder ob sie einfach Standards absenkt, um jedem (aus gefühlten Gerechtigkeitsgründen?) ein Zertifikat überreichen zu können.

Außerdem spielen die Sozialdemokraten noch keine ausreichend große Rolle bei der schwierigen Aufgabe, das neue Dienstleistungsproletariat zu organisieren. Daran muss man die Gewerkschaften nicht alleine verzweifeln lassen. Nur realistische Löhne werden den Betroffenen eine bessere Lebensperspektive eröffnen – aber ordentliche Tarife jenseits des Mindestlohns müssen erstritten werden, und zwar von den Betroffenen selbst. Die SPD könnte dafür werben, dass sie sich keine vermeintliche »Selbständigkeit« als Miniunternehmer in einem System der Ausbeutung einreden lassen. Und sie *müsste* dafür werben, dass ihre eigenen Wähler beispielsweise bereit sind, im Interesse »guter Arbeit« und fairer Löhne ein bisschen mehr für ihre Amazon- oder Pizza-Lieferung zu bezahlen.

»Solidarität« ist sehr ernst gemeint in der SPD, und sie ist ein Prinzip des zwischenmenschlichen Umgangs, das vermutlich in keiner anderen Partei so aufrichtig gelebt wird. Als ich als politische Redakteurin bei der *Zeit* in Hamburg arbeitete, hatte ich darüber einmal einen Streit mit einem Ressortleiter. In einem Artikel hatte ich eine SPD-Wahlkampfveranstaltung beschrieben, die durch einen grölenden, schwerst betrunkenen Obdachlosen gestört wurde. Eine zupackende Genossin war furchtlos und ohne Ekel vor seiner schmutzstarrenden Erscheinung zu ihm herangetreten, hatte ihn fest in den Arm genommen und nach draußen gebracht. »Jetzt halt mal die Klappe«, sagte sie, »die Leute wollen zuhören.« Der Mann folgte ihr wie ein Lamm.

»Sozialdemokraten können so etwas«, hatte ich geschrieben, und das hatte meinen Vorgesetzten erbost. Was ich beschrieben habe, sei ganz und gar keine ausschließliche Vorzeigefähigkeit von SPDlern, fand er. In genau solchen Äußerungen erkenne man die typische Selbstgerechtigkeit, die Sozialdemokraten so oft an sich hätten.

Nun mag der Satz Grünen, Kirchentagsbesuchern und Pfadfindern, die den Mann ebenfalls in den Arm genommen hätten, tatsächlich Unrecht tun. Und natürlich gibt es bisweilen eine sozialdemokratische Selbstgerechtigkeit – aber das ist angesichts der Verfolgungsgeschichte der SPD und angesichts ihres Parteizwecks, immer auch die Underdogs zu vertreten, ganz gut zu verstehen. Auf jeden Fall gibt es im SPD-Milieu den ausdrücklichen Willen, nach Möglichkeit niemanden minderwertig oder eklig zu finden, und das gehört zu den sympathischsten Zügen der Partei.

Wofür steht nun die SPD inhaltlich, aktuell, über ihre Grundprinzipien Freiheit, Gerechtigkeit und Solidarität hinaus? Da sie für die Benachteiligten eintritt, hatte sie zum Beispiel ihr Regierungsprogramm 2013 auch in »leichter Sprache« vorgelegt. Da erfährt man das Wesentliche. »Wir wollen eine bessere Politik machen«, heißt es in dem leichten Programm: »Wir wollen eine gerechtere Politik machen. Für die Menschen in Deutschland. Wir von der SPD wollen die Wahl gewinnen. (...) Wir schreiben genau auf, wie wir Politik machen wollen.«

Und dann tun sie das: Es geht um »guten Lohn«. (»Jeder Mensch bekommt mindestens 8,50 Euro in der Stunde. Am besten aber mehr.«) Es geht um »gute Bildung«. (»Ganztagsschulen. Das Land soll viel mehr Geld für Bildung ausgeben.«) Es geht um »gerechte Steuern« und »bessere Regeln für die Wirtschaft«. (»Sehr reiche Menschen sollen mehr Steuern bezahlen.«) Es geht um »umweltfreundlichen und günstigen Strom«. Eine Gesellschaft für alle. Gleiche Rechte für Männer und Frauen. Gesundheit und gute Pflege für alle. Eine gute Rente für alle. Günstige Wohnungen. Ein besseres Europa. »Wir wollen, dass es den Menschen in Deutschland gut geht. Wir wollen viele Sachen verändern. Wählen Sie die SPD. Wir brauchen viele Stimmen. Nur so kann die SPD die Politik in Deutschland bestimmen. (...) Die SPD gibt es schon seit 150 Jahren. So lange machen wir schon

Politik. So lange setzen wir uns für eine bessere Gesellschaft ein. Wir können Deutschland besser und gerechter machen.« So lautet der Schlussappell des SPD-Programms in leichter Sprache – und im Frühjahr 2017 klingt Martin Schulz nicht dramatisch anders. Wer wollte solchen durch und durch guten Absichten widersprechen?

In der CDU gibt es Arbeitsgemeinschaften für Alte und Junge, für Frauen, für Selbständige und für Arbeitnehmer, wie bei den Sozialdemokraten auch. In der SPD aber gibt es darüber hinaus unterschiedliche politische Flügel, die den sozialdemokratischen Grundkonsens unterschiedlich interpretieren. Am deutlichsten sichtbar wird das in der SPD-Bundestagsfraktion, die sich in den »Seeheimer Kreis«, die »Netzwerker« und die »Parlamentarische Linke« aufteilt – wobei es durchaus Abgeordnete geben soll, die zur Sicherheit in zwei oder gar in allen drei Gruppierungen Mitglied sind.

Die »Seeheimer« gelten als konservative und organisationsstarke Genossen, die mit Wissenschaftlern, Künstlern und Intellektuellen eher wenig Berührungspunkte suchen. Dafür sind sie sehr führungsloyal: Wenn Martin Schulz beschlösse, ausschließlich mit Klassenkampfparolen Wahlkampf zu machen, würden sie diesen Kurs nach außen rechtfertigen bis zum letzten Blutstropfen. Die Stimmung bei den Seeheimern ist übrigens immer super, ihre »Spargelfahrt« auf dem Wannsee in Berlin ein Höhepunkt im sozialdemokratischen Jahreskalender. Die Seeheimer wollen, dass das sozialdemokratische Regieren klappt. Und eigentlich auch, dass möglichst niemand den Sozialismus ausruft.

Die »Netzwerker« waren 1998, bei ihrer Gründung, ein Zusammenschluss von damals jungen Abgeordneten, die unideologisch diskutieren wollten und den parteiinternen Flügelstreit zwischen Rechts und Links altmodisch fanden. Böse Zungen sagten ihnen von Beginn an nach, dass es ihnen vor allem um die eigene Karriere zu tun sei – und tatsächlich gelangten viele von ihnen in Partei- und Regierungsfunktionen. Aber das war mitunter auch dem fälligen Generationenwechsel geschuldet. Die »Netzwerk«-Wahrnehmung, dass die Parteiflügel sich über die Jahrzehnte einen eher folkloristischen Status erworben haben, war jedenfalls nicht ganz von der Hand zu weisen.

Zur sozialdemokratischen »Linken« in der Fraktion (»Parlamentarische Linke«, in der Partei organisiert unter anderem als »Demokratische Linke«) gehören vorzugsweise diejenigen Abgeordneten und Parteifunktionäre, die es bis heute nicht unglücklich finden, vom »Demokratischen Sozialismus« zu sprechen – wobei mit jeder Generation unklarer wird, was darunter genau zu verstehen ist. Immer schon war der Begriff widersprüchlich gewesen, weil sicherheitshalber immer offenblieb, wie die – wissenschaftlich angeblich zwangsläufige – Herrschaft der Arbeiterklasse mit demokratischen Wahlen vereinbar sein sollte. Heute ist »demokratischer Sozialismus« eine wolkige Metapher, die pauschal für eine linke und dementsprechend aufrechte Gesinnung steht.

Viele Jahre lang spielten die Parteilinken keine zentrale Rolle mehr. In der unübersichtlichen und tendenziell desorganisierten Phase der Nach-Schröderzeit erstarkten sie und scheinen in Frühstücksradio und Talkshows häufig für die ganze Partei zu sprechen. Wie viel das der Partei insgesamt nützt, ist fraglich. Die Parteilinke wirkte jedenfalls intern sehr daran mit, Peer Steinbrück 2013 auf ein Wahlprogramm festzunageln, dass überhaupt nicht zum mittigen Kandidaten passen wollte. Mit der Retro-Rhetorik von Martin Schulz dürfte dieser Parteiflügel besser leben können. SPD-Kenner erwarten, dass die Zahl der »links« einsortierten Abgeordneten künftig eher zu- als abnehmen wird.

Ende 2016 hatte die SPD 432 796 Mitglieder. 1990 waren es noch mehr als doppelt so viele. Durch die Neueintritte im Schulz-Frühling 2017 dürfte es aber gelungen sein, die 440 000er-Marke zu überspringen. Zahlenmäßig liegt die SPD damit heute wieder vor der CDU. Mehr als die Hälfte der Genossen und Genossinnen haben Abitur oder Fachhochschulreife. 32 Prozent der SPD-Mitglieder sind weiblich, 68 Prozent männlich – das ist, angesichts der langjährigen Bemühungen um Quotierung, angesichts aller Anstrengungen zur Frauenförderung (zum Beispiel in Form von Mentorinnen-Programmen) eine etwas enttäuschende Bilanz. Womöglich hat die Quote die tiefer liegenden Beharrungskräfte der Partei-Machos nicht beseitigt, sondern sie nur schwerer erkennbar gemacht.

Das Durchschnittsalter der Mitglieder beträgt 60 Jahre. 56 Prozent sind (zum Teil weit) über 60. Elf Prozent sind jünger als 35, also im Juso-Alter. Trotz ihres geringen zahlenmäßigen Anteils spielen die Arbeitsgemeinschaften der sozialdemokratischen Frauen (ASF) und die Jungsozialisten aber keine unbedeutenden Rollen im parteiintern stark ausgeprägten Proporzgeflecht. Bei der Besetzung von Parteifunktionen und Wahllisten geht es oft in erster Linie nach Mann / Frau, alt / jung, links / rechts und regionaler Herkunft.

Rhetorik und Bräuche der Partei nehmen noch vielfach Bezug auf die Arbeiterbewegung, aus der sie stammt. Doch von der Mitgliedschaft her ist die SPD längst keine Arbeiterpartei mehr, sondern eine Partei des sozialen Aufstiegs. Nur zehn Prozent der Genossen sind »Arbeiter«, 27 Prozent sind Angestellte, darunter ein starker Block aus dem öffentlichen Dienst. Fünf Prozent der SPD-Mitglieder sind Selbständige.

Ein wenig spiegelt sich die Mitgliederentwicklung der SPD in ihren Wählern wider. Von denen hatte sie im Verlauf von zehn Jahren die Hälfte verloren: Zwanzig Millionen stimmten 1998

für »Doris' ihren Mann seine Partei« (wie ein witziger Wahl-
kampfaufkleber es formulierte), nur noch zehn Millionen waren
es 2009. Wie viele von ihnen wird Martin Schulz zurückho-
len? Kann er Menschen wieder dauerhaft an die SPD binden,
oder müssen die Wähler immer härter und immer aufs Neue
erkämpft werden?

Arbeiter und junge Frauen, denen man ein besonderes Interesse an einer Partei unterstellen könnte, die sich für den gesellschaftlichen Fortschritt einsetzt, wählten zuletzt zu höheren
Anteilen Union als SPD. Das heißt: Arbeiter und junge Frauen
glauben nicht automatisch, dass die SPD ihnen ein attraktive-
res Versprechen macht als die CDU. Die Partei mit ihren guten
Absichten mag das kränken, aber sie muss es zur Kenntnis nehmen. Und zum Beispiel den Eindruck zu vermeiden versuchen,
sie wähle Frauen am liebsten in einflusslose Alibi-Funktionen.
Es fällt schon auf, dass über eine sozialdemokratische Kanzlerkandidatin nicht einmal ganz im Stillen nachgedacht wird – und
ebenso verhält es sich mit anderen Spitzenämtern.

Die Sozialdemokraten hatten noch ein Problem: Nach einer
Studie der Strategieberatungsagentur pollytix für den SPD-Par-
teivorstand konnten sie sich 2016 nur noch auf eine sehr kleine
Gruppe Unerschütterlicher verlassen, die auf jeden Fall zur Wahl
gehen und auf jeden Fall für die SPD stimmen würden: acht
Prozent der Wahlberechtigten. Die Kernwählerschaft der Union
war mit 14 Prozent deutlich größer. Es geht also um die Mobilisierung von Unsicheren, von Nichtwählern und den Wählern
anderer Parteien, auch im, auch nach dem Schulz-Fieber.

Pollytix hatte dem Parteivorstand zudem aufgeschrieben, was
die potenziellen Wähler sich von der Sozialdemokratie wünschen: nämlich, dass sie eine »langfristige Idee entwickelt, wie
die Zukunft in Deutschland lebenswert gestaltet werden kann«
(»Themen-Hopping« lehnten die Befragten ab, womöglich wegen

Erfahrungen aus der Gabriel-Zeit). Sie wollten eine »wertegeleitete Haltung«, die Stützung von Schwächeren, nach Möglichkeit eine Vereinfachung des Lebens, die Anerkennung von Leistung (emotional und finanziell) und einen politischen Partner, der »auf Augenhöhe agiert«. Die potenziellen Wähler *fürchteten*, dass die SPD sich zum Beschützer aufspielen könnte, der seine Wähler in erster Linie als Opfer ansieht, die sich der bösen gesellschaftlichen Verhältnisse nicht selbst erwehren können; dass die Partei zur Bevormundung neigen und von ihr geführte Verwaltungen zur Gängelung tendieren könnten. Das »Gießkannenprinzip« im Sozialstaat lehnten sie ab. Diese Ergebnisse schienen zu bestätigen, was auch der Sozialdemokrat und Chef des Meinungsforschungsinstituts Forsa, Manfred Güllner, der Partei seit Jahren ins Stammbuch schrieb: Wahlen könne sie eigentlich nur in der Mitte gewinnen. Doch im Schulz-Jahr 2017 klingt es, als sei eine Rückwendung zu klassischen Sozialstaatsthemen die größte Innovation aller Zeiten.

Die ein Jahr zuvor befragten SPD-Zielgruppen sind offenbar ganz glückliche Leute: zu 91 Prozent bekennen sie sich zu einer »hohen Lebenszufriedenheit«. 81 Prozent bezeichnen ihre eigene wirtschaftliche Lage als gut. 82 Prozent sind der Überzeugung, dass das demokratische System gut funktioniere. 83 Prozent finden, man solle weniger fragen, was der Staat tun könne, sondern lieber, was man selbst für die Gemeinschaft bewirken könne. Ebenso viele haben aber den Wunsch, dass Politik besser erklärt werden möge. Und 51 Prozent beklagen die »hohen Anforderungen und die Hektik« des modernen Lebens.

Renate Köcher vom Institut für Demoskopie Allensbach präsentierte den SPD-Gremien darüber hinaus im September 2016 Zahlen, die einen weiteren Wunsch sehr deutlich erkennen ließen: Das war der Wunsch nach Sicherheit. 68 Prozent der von Allensbach Befragten waren der Meinung, dass die Zahl der Verbrechen in Deutschland zunehme – was sie nicht tut. Aber die Sorge darüber existiert, vielleicht auch, weil Ereignisse wie Fahrraddiebstähle und mittlerweile sogar Wohnungseinbrüche von der Polizei zu oft als schicksalhaft zu den Akten genommen statt verfolgt werden.

Im Großen und Ganzen kann die SPD, einmal abgesehen von spektakulären Sondereffekten, also auf ein Wählerpotenzial von recht zufriedenen Bürgern spekulieren, die sich aber über ihre persönlichen Interessen hinaus für eine solidarische Gesellschaft aussprechen. Mögliche SPD-Wähler sind beunruhigt über die Entwicklung der inneren Sicherheit, und sie sind, zumindest zur Hälfte, von ihrem Alltag gestresst. Sie möchten eine solide politische Argumentation; bevormundet werden möchten sie nicht. Vor diesem Hintergrund sollte die SPD sowohl ihre Sprache als auch das Zielgruppenbild ihrer Funktionärsreden und Veranstaltungen noch einmal selbstkritisch betrachten.

Die pollytix-Ergebnisse lassen sich so übersetzen: Die »solidarische Mitte« der Gesellschaft ist interessiert an sozialer Gerechtigkeit, aber sie nimmt sich selbst keineswegs als Ansammlung von Verlierern wahr. Ihr sind viele Themen wichtig: eine wirksame Bildungspolitik. Eine moderne Familienpolitik, die den widersprüchlichsten Anforderungen gerecht wird. Eine Integration von Zuwanderern, die nicht nur auf dem Papier stattfindet, sondern tatsächlich gelingt. Eine Digitalisierung, die nicht als Naturgewalt wirkt. Eine Sprache, die komplexe Zusammenhänge nicht unzulässig vereinfacht, aber verständlich erklärt.

Die SPD löst diese Erwartungen – in ihrem Regierungshandeln auf kommunaler, auf Landes- und auf Bundesebene und in ihrer Programmarbeit – in unterschiedlich überzeugender Weise ein. Man wird den möglichen Kanzler Martin Schulz nicht völlig von den in der Partei aufgespeicherten Inhalten, nicht völlig von der von ihr geübten Praxis abtrennen können.

3

Reform war immer

Starke, traditionsreiche Volksparteien sind beinahe so etwas wie ein Alleinstellungsmerkmal des deutschen Parteiensystems. Über Jahrzehnte haben sie zu beispielloser politischer Stabilität beigetragen. Deshalb wurden selbst ihre politischen Gegner unruhig, als die SPD in der Wählergunst dauerhaft auf eine schiefe Ebene zu geraten drohte – das hätte der Beginn eines allgemeinen Zersplitterungsprozesses sein können, wie er anderswo in Europa längst Normalität ist.

Martin Schulz steht daher vor einer schwierigen Aufgabe. Kurzfristig kann er die Partei mit einer politischen Kehrtwende stützen, sich von der Agenda 2010 distanzieren und damit Sehnsüchte nach vergangener politischer Übersichtlichkeit bedienen. Vielleicht reicht dieses Rezept sogar, um die Wahlauseinandersetzung des Jahres 2017 erfolgreich zu bestehen. Nachhaltig kann das aber kaum sein. Langfristig braucht die SPD neue Vorstellungen davon, wie sie etwa der Vereinzelung der Menschen, der neuen Form des digitalen Kapitalismus und dem wachsenden Gefühl von Entfremdung zwischen politisch-medialem Betrieb und Nicht-Profibürgern begegnen will. Die Wünsche der SPD-Sympathisanten nach moderner und »mittiger« Politik sind den Führungsgremien der Partei im Detail bekannt. Die Frage ist, ob sie Schlüsse daraus ziehen wollen.

Ironischerweise könnte der SPD dabei ausgerechnet das helfen, was der Partei immer etwas hämisch als Ultra-Retrohaftigkeit ausgelegt wird: ihre Vereinsmeierei, ihr sozialdemokratischer Jahreskalender, ihre stammesartige Verfasstheit. Dass die Individualisierung ein Segen und das Fitnessstudio effektiver als der Sportverein sei, haben wir jetzt seit mehr als dreißig Jahren zu hören bekommen. Den einen oder anderen beschleicht die Ahnung, dass es im Fitnessstudio auch sehr einsam sein kann. Berufspendler, Menschen in Wochenendbeziehungen, Getrennte, in der Holzklasse um die Welt hetzende Ingenieurinnen und Lieferando-Boten können unschöne Geschichten von der Individualisierung erzählen: So möchte man auf Dauer nicht leben. Wenn die SPD all diesen Personen jetzt selbstbewusst eine entstaubte Organisation anböte, in der sich Menschen treffen, um gemeinsam Politik zu machen und sogar Spaß zu haben, könnte das so befreiend wirken wie die Abkehr von der merkelschen Alternativlosigkeit. Gestern könnte morgen werden.

Zwei Fragen sind für den Erfolg wie immer entscheidend: Welche Politik machen? und: Wie Politik machen? Bei deren Beantwortung müsste Martin Schulz keineswegs bei null anfangen, denn viele Leute haben sich schon darüber den Kopf zerbrochen und viele sich als Autoren – sozialdemokratische und andere – an der SPD-Beratung versucht. Ein ausgedehntes Stöbern im Regal der Parteireformbücher kann heute noch sehr ertragreich sein, vielleicht mehr noch als die Beauftragung einer weiteren Werbeagentur mit wieder einmal neuen Kampagnenideen. Denn es hilft, dass die Autoren, die ihre Partei mit Büchern verändern wollten, tatsächlich *für* die Sozialdemokratie fühlten und oftmals genau aus diesem Grund an all den Dingen verzweifelten, die die SPD immer wieder falsch zu machen schien und scheint. Das vorliegende Buch ist ja auch nichts anderes als ein solcher Beratungsversuch – und kein Akt der Illoyalität, wie mancher Parteifunktionär es vielleicht empfinden mag. Ich bin nur zutiefst überzeugt davon, dass die SPD einiges anders machen muss, damit vieles besser wird.

Die Qualität des Personals, die Offenheit für neue Mitglieder und Ideen, eine attraktive Kommunalpolitik, funktionierende Integration – zu all diesen Themen finden sich erstaunlich moderne Überlegungen in hundert Jahren SPD-Literatur.

Die Partei und ihr Personal

Der Sozialwissenschaftler und Nationalökonom Robert Michels, der politisch einen langen Weg von der SPD bis zu den italienischen Faschisten zurücklegte, hat die internen Strukturen von Parteien Anfang des 20. Jahrhunderts detailliert beschrieben und wird in der Politikwissenschaft immer noch häufig zitiert. Ganz besonders galt Michels' Augenmerk den Sozialdemokraten, bei denen er seine politische Laufbahn begonnen hatte.

Michels setzt sich mit Abschottungstendenzen der Parteiführung und Mängeln bei der Kandidatenauswahl auseinander: »Sicher entspricht die Organisation der Parteien nicht der Theorie der Demokratie«, schreibt Michels. »Ihr innerer Aufbau ist wesentlich autokratisch und oligarchisch, die Führer werden eigentlich nicht durch die Mitglieder bestimmt, obwohl es so aussehen mag, sondern sie sind kooptiert oder von der Zentrale ernannt. Sie bilden, getrennt von den Mitgliedern, eine herrschende Schicht, eine mehr oder weniger in sich geschlossene Kaste.«

Was den neuen Parteivorsitzenden Martin Schulz angeht, so hat Michels ganz augenfällig recht: Nie hatte die SPD-Basis weniger mit einer Personalentscheidung zu tun. Sigmar Gabriel verkündete der Öffentlichkeit und den SPD-Gremien seine Verzichtsentscheidung, sein eigenes neues Amt als Außenminister sowie Schulz' Nominierung in einem *Stern*-Interview. Dass vor allem die Personalie Martin Schulz so gut ankam, machte jede kritische Diskussion des ungewöhnlichen Verfahrens, die sonst fällig gewesen wäre, überflüssig.

Die (Selbst-)Rekrutierung normaler, das heißt auf der mittleren Ebene angesiedelter SPD-Funktionäre geschieht heute weniger durch Einzelentscheidungen oder direkte Anweisungen aus der Zentrale als vielmehr dadurch, dass die verschiedenen Parteigremien auf eine bestimmte, nämlich in der Regel zeitintensive Weise arbeiten. Es gibt keine systematische Personalpolitik. Quereinsteiger, die Erfahrungen von außen in die Partei tragen könnten, werden nur selten gezielt ausgesucht. Daher dominiert *ein* Typus von Funktionären: Menschen, die aufgrund ihrer beruflichen Situation vergleichsweise viel Zeit für Parteiarbeit aufbringen können. Außerdem hat sich die Partei mit ihrem strikten Proporzkatalog (Mann / Frau, jung / alt, regionale Herkunft) selbst gefesselt und lässt wenig Platz für originelle, unkonventionelle oder brillante Kandidaten. Deshalb präsentiert die SPD den Wählern in ihren Funktionären eher ein enges soziales Spektrum. Und bisher hat sie keinen erfolgreichen Weg gefunden, sich mehr zu öffnen. Insofern ist Robert Michels' Kritik an den Partei-Oligarchien immer noch erstaunlich aktuell. Und auch wenn sie nicht auf die SPD beschränkt war: Gerade bei den Sozialdemokraten gilt die Ochsentour auf jeden Fall immer noch als Königsweg. Bei großem politischem Erfolg wäre das vermutlich egal; wenn der Erfolg so schwankend ist wie in den vergangenen Jahren, sollte man sich die Mechanismen der Personalauswahl wohl schon noch einmal genauer ansehen.

Politik vor Ort

1971 gab der damalige stellvertretende Juso-Bundesvorsitzende und spätere SPD-Bundestagsabgeordnete Norbert Gansel einen

Sammelband mit dem Titel *Überwindet den Kapitalismus, oder: Was wollen die Jungsozialisten?* heraus. Später prominent gewordene Autoren des Rowohlt-Bändchens waren zum Beispiel Henning Scherf (Bremer Bürgermeister von 1995 bis 2005), Walter Momper (Regierender Bürgermeister von Berlin 1989 bis 1991) oder Rudolf Scharping (Ministerpräsident von Rheinland-Pfalz 1991 bis 1994, von 1998 bis 2002 dann Verteidigungsminister; SPD-Vorsitzender und 1994 Kanzlerkandidat).

Über die »Basisarbeit – Theorie und Praxis« heißt es dort: »Eine Politik ›von der Basis her‹ mit der Bevölkerung – eine solche Politik wendet sich gegen die in ihren Strukturen verkrusteten Institutionen und Parteiapparate. (…) Die Entwicklung dieser basisorientierten Praxis geht von der Annahme aus, der Mensch sei lernfähig.« Auch vor 45 Jahren, zur Zeit des größten Wahlerfolgs, den die SPD jemals erreichte (45,8 Prozent bei der Bundestagswahl 1972) gab es also offenbar schon die Wahrnehmung, der sozialdemokratische Parteiapparat habe sich zu weit von dem entfernt, was nicht-organisierte Bürger beschäftige – und unterschätze sie gleichzeitig. Leider ist es der damaligen Juso-Generation nicht gelungen, die weitere Verselbständigung der Parteistrukturen zu verhindern. Und so erleben Außenstehende die Partei oft auch heute: als Parallelwelt mit ganz eigenen Diskussionen und Verhaltensweisen, die mit dem Alltagsleben anderer Menschen nicht allzu viel zu tun haben.

Zum Thema Kommunalpolitik schreibt Henning Scherf im selben Sammelband mit großem Nachdruck: »Die katastrophale Lage der Gemeinden vor allem in den Verdichtungsgebieten ist unübersehbar. Die Wohnungsnot ist krasser geworden. Millionen Menschen leben in der Bundesrepublik in überalterten, sanierungsreifen Behausungen. Das Verkehrschaos ist total. Die Umweltverschmutzung nimmt bedrohliche Formen an. Luft, Wasser und öffentliches Grün leiden an Verpestung.«

Und weiter: »Neben der Stadtplanung hat die Gemeinwesenarbeit im Forderungskatalog der Jungsozialisten Priorität. Durch die Einrichtung kommunaler Sozialisationseinrichtungen sollen soziale Ungerechtigkeiten (…) die zu unterschiedlich strukturierten Randgruppen führen, beseitigt und verhindert werden.«

Auch dieser Weckruf könnte aktueller nicht sein: Für die sozialen Brennpunkte der Großstädte ist bis heute keine Lösung gefunden, und die Frage, wie viel zusätzliche Integrationsleistung diesen ohnehin belasteten Gebieten noch abverlangt werden kann, könnte – zum Beispiel in den vom Strukturwandel gebeutelten Städten des Ruhrgebiets – die SPD sogar spalten. Im sozialdemokratisch regierten Nordrhein-Westfalen gibt es Schulen, die neben 70 Prozent Kindern aus Hartz-IV-Familien nun auch noch Flüchtlings- und Inklusionskinder verkraften müssen. Dass diese Schulen jenseits der Belastungsgrenze arbeiten und trotzdem die Armut von morgen produzieren, steht außer Frage. Aber offenbar ist es äußerst schwierig, den richtigen Ansatz zu finden, um die fatale Gemengelage aus dysfunktionalen Familien und prekären Bildungseinrichtungen zu entwirren. Es ist zunächst einmal wichtig, dass die SPD diese Krisenpunkte präzise benennt, statt sie in einer allumfassenden Rhetorikwolke von »gesellschaftlicher Spaltung« verschwinden zu lassen. Nicht die ganze Gesellschaft ist in der Mitte gespalten – aber es gibt sehr konkrete Milieus, denen sehr konkret kaum zu helfen zu sein scheint. Für die Qualität des Zusammenlebens in Deutschland ist es aber entscheidend, dass man das trotzdem schafft. Also: Wie sieht eine funktionierende Politik zur Armutsbekämpfung aus? Einfach mehr ALG II, mehr Kindergeld? Für einen Wahlerfolg der SPD mag die Antwort auf diese Frage gar nicht so wichtig sein. Für die betroffenen Menschen und die Zukunft des Landes ist sie erheblich.

Dem Problem, wie man Wohnraum in boomenden Metropolen wie Berlin, München oder Hamburg auch für Normalverdiener bezahlbar halten kann, hat die SPD neuerdings mit der »Mietpreisbremse« zu begegnen versucht: Diese sieht vor, dass Mieten in Gebieten mit »angespanntem Wohnungsbedarf« höchstens zehn Prozent über der ortsüblichen Vergleichsmiete liegen dürfen. Die Umsetzung dieser Vorschrift ist allerdings Ländersache – und bei insgesamt explodierenden Mieten und zunehmender Immobilienspekulation hilft sie nur begrenzt. Aber immerhin: Hier gibt es ein »mittiges« Thema, das weite Teile der abhängig Beschäftigten betrifft, interessiert, auch aufregt – sozialer Wohnungsbau und intelligente Stadtplanung sollten in der Kommunikation der SPD durchaus in den Vordergrund rücken.

Mut zum Komplizierten

In Teilen geradezu prophetisch schreibt zehn Jahre später, 1982, Peter Glotz, der intellektuellste Bundesgeschäftsführer, den die SPD je hatte, über die *Beweglichkeit des Tankers* (»Die Sozialdemokratie zwischen Staat und neuen sozialen Bewegungen«). Hier blitzt die Wutbürger-Gesellschaft, die wir heute erleben, bereits als Ahnung auf: »Mein Eindruck ist, dass die Bereitschaft schwindet, komplizierte Kontroversen durch komplizierte Kompromisse zu entschärfen (…). Wenn die Bitterkeit sich entlädt, die hinter den Klassenkonflikten unserer Gesellschaft steckt, dann wird der relative innere Friede des vergangenen Jahrzehnts dahin sein«, schreibt Glotz.

Heute steht der »komplizierte Kompromiss« wahrhaftig nicht hoch im Ansehen; viele wollen lieber das Machtwort, die einfache Lösung, das Ende der quälenden und überfordernden Komplexität. Das bedeutet, dass die kommunikativen Anforderungen

39

an die SPD (und natürlich auch an die anderen Parteien) sehr viel größer werden: Man darf eben nicht auf »einfache Antworten« und schon gar nicht auf bedeutungslose Floskeln zurückfallen. Man muss besonders gut und selbstbewusst argumentieren, man darf dem Publikum gern intellektuell etwas zumuten.

Glotz plädiert entschieden gegen das Grundgefühl von Alternativlosigkeit, das später auch die Merkel-Jahre prägte: »Die Parteien dürfen sich nicht abschotten gegenüber den sehr unterschiedlichen Wünschen der Bürger; insofern müssen sie viele Ideen und Sehnsüchte aufnehmen, abwägen und auch Forum für geistige und emotionale Auseinandersetzung sein. (...) Realismus ist gut; aber Defätismus lähmt. Die trotzige Hoffnungslosigkeit unter vielen prinzipiell reformerischen Politikern und Bürokraten in der Bundesrepublik, diese seltsame Mischung von Detailkenntnissen der Finanzverfassung, aggressivem Selbstmitleid und bodenlosem Praktizismus, wirkt abstumpfend und aktivitätshemmend.«

»Die Konservativen«, schreibt Glotz, »können auch bei dürftiger ideologischer Ausstattung lange überleben, solange sie die Regeln des Handwerks beachten. Sozialisten kommen dabei unter die Räder.« Heute sind weder die SPD noch ihre Anhängerschaft Sozialisten – aber die Hoffnung auf ein Versprechen, auf ein Bild besserer Zeiten, auf eine freundlichere, humanere Gesellschaft gehört weiterhin zur genetischen Ausstattung der Partei. Diese Hoffnung kommt allerdings viel zu kurz, wenn man hauptsächlich Transferleistungen an Benachteiligte verteilen will.

Die gegenwärtigen Lebensverhältnisse erziehen die Bürger zu möglichst unkritischen Konsumenten und zu Produzenten mäßig sinnvoller Digitalnachrichten; die Arbeitnehmer werden durch befristete Verträge, niedrige Gehälter und eine pseudoemanzipative Start-up-Kultur zu wehrlosen, willfährigen

Beschäftigten dressiert. Diesen Lebensverhältnissen ein Bild von Aktivität, Solidarität und Selbstbestimmtheit entgegenzusetzen, könnte ungeheuer attraktiv sein – aber dafür bräuchte es eine SPD, die solche Fragen diskutiert und von ihrer eigenen Überzeugungsfähigkeit überzeugt ist.

Wenn der Partei das Vertrauen auf die praktische Vernunft und die Hoffnung, durch vernünftiges Argumentieren zu einem Konsens und damit vorwärts zu kommen, verlorengehe, werde sie über kurz oder lang zum Abdanken gezwungen, meint Glotz. »Was heißt das also für Unsereinen?«, fragte der Bundesgeschäftsführer vor 35 Jahren: »Es heißt: Für die Bewegungsfreiheit der Menschen zu kämpfen, für den ›Selbsteinsatz‹, wie Fichte das genannt hat, ›als Gegenzug gegen die Passivität des Gelebtwerdens‹, aber auch gegen die Ausbeutung, die es immer noch gibt, und für eine neue Aufmerksamkeit für die Beziehungen der Menschen zueinander.«

Dafür aber muss man sich ernsthaft auf Gespräche außerhalb der Partei einlassen – es reicht nicht nur, so zu tun als ob. Das Englische kennt die Redewendung »going through the motions«, was bedeutet, dass man das tut, was an der fraglichen Stelle erwartet wird, aber ohne Ernsthaftigkeit oder innere Beteiligung. Kinder haben ein unheimliches Gespür dafür, wann ihre Eltern sich ihnen ernsthaft widmen und wann sie sie nur ruhigstellen wollen. Und letztlich geht es erwachsenen Bürgern nicht anders: Sie merken, wenn die Politiker nur so tun, als würden sie zuhören. In meiner kurzen Amtszeit als Oberbürgermeisterin hatte ich gleichwohl sehr viele offizielle Termine zu absolvieren. Ich habe die Erfahrung gemacht, dass man mit nahezu jeder Interessengruppe ins Gespräch kommen kann. Und auch mit Leuten, die gänzlich anderer Ansicht sind als man selbst oder die eigene Partei, lassen sich äußerst produktiv Argumente austauschen. Es kommt offenbar vielen Menschen gar nicht darauf an, dass man ihnen nach dem Munde redet. Aber sie wollen ernst genommen werden. Sie ärgern sich, wenn man sie mit Floskeln abzuspeisen versucht, und sie durchschauen im Handumdrehen, wenn man eigenes Nichtwissen verbergen will. Die SPD muss an sich selbst den Anspruch stellen, möglichst viele Amts- und Mandatsträger zu wählen, die an einem solchen Gespräch auf Augenhöhe interessiert und dazu in der Lage sind. Martin Schulz, der diese Kunst ohne jede Frage beherrscht, könnte hier erfreulich stilbildend wirken.

Mehr Professionalität

Eigentlich hatte ich vor, in diesem Kapitel mein gesamtes SPD-Bücherregal durchzugehen und jedem Titel zumindest einen wertvollen Vorschlag für die Neuorientierung der SPD abzuringen. Bei Oskar Lafontaines *Zukunft des Fortschritts* (1985) ist mir das aber nicht gelungen. Sein Ton ist so herrisch, seine Wahrheiten sind so absolut, dass ich der SPD diesen Weg zum Fortschritt nicht gern empfehlen würde – auch wenn der SPD-Kanzlerkandidat Lafontaine 1990 mit 33,5 Prozent ein besseres Wahlergebnis erzielte als später Frank-Walter Steinmeier oder Peer Steinbrück.

Liest man Lafontaine, dann macht man sich sofort Sorgen um alle Besserverdienenden, Strukturkonservativen und Leute, die anderer Meinung sind als er: »Die Gesellschaftsgruppen, die bei der Verwirklichung des anderen Fortschritts um ihre Privilegien fürchten, werden bei einer ökologischen Neuorientierung der Politik Widerstand leisten. Die Abkehr vom Wachstumsdogma wird dabei nicht das größte Problem sein«, schreibt Lafontaine. »Schwierigkeiten werden auftreten, wenn es gilt, Macht und Einkommen neu zu verteilen.« Und »den Strukturkonservativen muss die Einsicht vermittelt werden, dass eine Veränderung der überkommenen Strukturen notwendig ist, weil der zerstörerische Prozess auch sie ergreift«. Es ist schwer zu sagen, wie viel Lafontaine noch in der Linkspartei steckt, aber für eine mögliche rot-rot-grüne Koalition wäre es wichtig zu definieren, wie autoritär sie die Neuverteilung von »Macht und Einkommen« durchzusetzen gedenkt.

Sehr interessant für die aktuelle Lage der Partei ist ein älteres Buch des Journalisten Wolfgang Michal: *Die SPD – staatstreu und jugendfrei. Wie altmodisch ist die SPD?* (1988). Michal vertritt damals schon die These, die SPD habe den Draht zum Zeitgeist verloren und verstehe die jungen Individualisten nicht mehr. Konsequenterweise seien die Jungsozialisten marginalisiert und geradezu aus der Partei gedrängt worden. »Die von Willy Brandt gewagte Öffnung der Partei ist in den späten siebziger und achtziger Jahren wieder einer eher eintönigen Geschlossenheit gewichen«, schreibt Michal: »Vielfalt und Experimentierfreudigkeit werden im Schulterschlussimperativ der ›Wir-Partei‹ erdrückt. Die Parteisoldaten, die immer noch das Bild der Partei bestimmen, treibt nicht die Lust an der Politik – sie lassen sich ›in die Pflicht nehmen‹.«

Die sozialdemokratische Praxis habe sich zu einer Art »Populismus« entwickelt, der »weder Partei noch Programm zum Regieren braucht und der auch – nach erfolgreicher Ausgrenzung der Jungen – auf keinen nennenswerten Widerstand mehr trifft.« Die SPD, so Michal, habe sich zur Wahlkampfmaschine erniedrigen lassen; die Gewählten handelten unabhängig von Beschlüssen und Programm, sozusagen überparteilich.

»Verbrämt wird dieser Populismus mit postmodernen Formulierungen wie ›Überwindung des Lagerdenkens‹, ›Toleranz der Lebensstile‹ oder ›neue politische Kultur‹«, schreibt Michal: »Die Gewählten richten sich nicht nach der Parteibasis, sondern nach den Medien.« Der Journalist beobachtete all dies, bevor Gerhard

Schröder diese Art des sozialdemokratischen Populismus 1998 zur Vollendung brachte. Die »Kampa« ersetzte als Wahlkampfzentrale den Parteiapparat im Erich-Ollenhauer-Haus und war gleichzeitig selbst ein attraktives Medienthema. Von Parteitagen wurden nur noch stehende Ovationen erwartet, keine störenden Beschlüsse. »Basta!«-Politik machte Diskussionen überflüssig. Und seither stört jeder abweichende Beitrag den Parteifrieden – natürlich auch, weil die Medien jederzeit bereit sind, sachlichen Streit sofort zu einer Erzählung von Aufstand und Rebellion aufzublasen. Die Folge war schwelendes Missvergnügen, sowohl an der Basis, in den Ortsvereinen, als auch bei Mitgliedern der SPD-Bundestagsfraktion. Diese Grundstimmung mag durch den Erfolg des populären Martin Schulz eine Zeitlang überspielt werden; entscheidend wird aber sein, ob sie sich auflöst.

Die Jungsozialisten der achtziger und neunziger Jahre waren an ihrer Marginalisierung nicht unschuldig. Sie ließen sich vielmehr mit großer Begeisterung auf die innerparteilichen Rituale ein und verloren ihre Altersgenossen, die in dieser Zeit studierten, Familien gründeten und sich mit Massenarbeitslosigkeit und verlotterten Arbeitsmarktsitten auseinandersetzen mussten, aus dem Blick. Und Gerhard Schröder hatte, das muss man ihm zugestehen, mit seinem populistischen Ansatz immerhin Erfolg: In zwei von drei Bundestagwahlen, bei denen er als Spitzenkandidat antrat, wurde die SPD stärkste Partei. Willy Brandt war das, bei vier Anläufen, nur einmal, nämlich in der berühmten Willy-Wahl 1972 gelungen.

1991 schrieb der *taz*-Autor Peter Grafe das Buch *Tradition & Konfusion – SPD: Alle Macht den Profis*. Er schilderte darin die großen Schwierigkeiten der Partei, sich an eine moderne Mediengesellschaft anzupassen, in der der mühsame, händeringende Programmprozess weit weniger zählt als das öffentliche Auftreten der SPD-Politiker. Die Partei werde aber inzwischen viel eher für ihre politischen Taten und deren Präsentation gewählt als für grundsätzliche An- und Absichten: »Die SPD betreibt politische Kommunikation als Unterrichtseinheit, statt jene Signale und Wünsche der Wähler aufzugreifen, die sich mit den Vorstellungen der SPD verbinden lassen (…). Es gibt eine alte Regel bei der Rednerschulung, die besagt, man müsse den Zuhörern den Eindruck vermitteln, dass von ihnen die Rede sei. Die Sozialdemokraten aber sprechen meist von sich selbst, von den eigenen moralischen Qualitäten und gut gemeinten Absichten: Wir werden … Wir wollen … und deshalb bitten wir um Ihre Zustimmung! Das Wahlvolk muss also erst lernen, was die SPD will, und dann noch begreifen, dass diese Absichten seinen Interessen und Wünschen entsprechen.«

Dabei gebe es überhaupt keinen Grund anzunehmen, dass die Wählerwünsche in einem grundsätzlichen Widerspruch zu einer vernünftigen Politik stehen oder dass eine solche Politik »Widerstand« à la Lafontaine auslösen müsste, für die deshalb Zustimmung nur in mühevollster Überzeugungsarbeit gewonnen werden könnte, schreibt Grafe: »Viele Sozialdemokraten treten aber mit einer solchen Grundhaltung auf. Die Vorstellung, bei den WählerInnen offene Türen einzurennen, scheint ihnen schwer vorstellbar oder gar abwegig.«

Die SPD müsse dringend wegkommen vom Modus der Verkündigung und Belehrung, meint Grafe. Ihre Repräsentanten bräuchten professionelles Kommunikationstraining, denn die Annahme, man werde als Mandatsträger automatisch ein guter Redner, sei grundfalsch. Im Übrigen kritisiert er scharf die Vorherrschaft der Angehörigen des öffentlichen Dienstes in den Parteigremien – mit ihren »Folgeerscheinungen von Versorgungsinteressen, Ämterpatronage und Filz.«

Die Menschen wollten heute einerseits politische Kompetenz

für die anstehenden Aufgaben und suchten zugleich nach Heimat, nach Identifikation, nach Führung und nicht nach einem Katalog von Absichtserklärungen, die alle edel und wichtig seien, aber doch eher im theoretischen Gedankengebäude der SPD existierten, schreibt Peter Grafe. Aus meiner eigenen politischen Erfahrung kann ich Grafes Beobachtung bestätigen – aber genau hier liegt das Problem. Denn die SPD erliegt wieder und wieder der Versuchung, sich in ihren Gedankengebäuden einzurichten, und sich dann extrem gestört zu fühlen, wenn Bürger daherkommen und widersprechen. Wenn sie, zum Beispiel, all das SPD-Gerede über »frühkindliche Bildung« mit den real existierenden Zuständen in ihrer Kita kontrastieren – oder mit dem Umstand, dass es an ihrem Wohnort noch gar keinen Ganztags-Kitaplatz für ihr Kind gibt. Als Partei sollte die SPD vielleicht endlich einmal vom Idealismus auf den Empirismus umschalten und herauszufinden versuchen, was um sie herum tatsächlich passiert.

Lose verkoppelte Anarchie

Das große Buch *Die SPD: Klassenpartei. Volkspartei. Quotenpartei* der Politikwissenschaftler Peter Lösche und Franz Walter von 1992 ist ein zu komplexes wissenschaftliches Werk, um es auf einige wenige Kernsätze zu reduzieren. Gleichwohl verdanken wir Lösche/Walter den bereits erwähnten Begriff der »lose verkoppelten Anarchie«, der der Sozialdemokratie mit ihren Flügeln, landsmannschaftlichen Loyalitäten und Interessengruppen seit den siebziger Jahren mehr als gerecht wurde – nur dass die Anarchie sich heute manchmal vor allem schlecht organisiert anfühlt.

Der mangelnde Machtwille, den Lösche und Walter der Partei bescheinigten, lässt sich indes nicht mehr bestätigen. Vielmehr muss auf jede Länderkoalition – und sei die SPD auch der Zwölf-Prozent-Juniorpartner – Rücksicht genommen werden. Für die jeweilige Koalition im Bund gilt das sowieso.

1993 erschien das Buch *SPD 2000. Die Modernisierung der SPD.* Herausgeber war der damalige Bundesgeschäftsführer der Partei, Karl-Heinz Blessing. Die durchweg prominenten Autoren (auch Franz Müntefering, Hans-Ulrich Klose und Gerhard Schröder waren darunter) bringen das Problem ihrer Generation auf den Punkt: Sie sind, bei aller Beschwörung der notwendigen »Öffnung«, komplett nach innen gewandt. Die Texte sind für Außenstehende kaum lesbar. Und der arme Praktikant oder Verlagsmitarbeiter, der damals den Klappentext schreiben musste, hat die Sprache der unnötigen Abstraktion unfreiwillig präzise eingefangen: »Unsere Welt und die Aufgaben der Politik werden zunehmend komplexer. In einer sich schnell wandelnden Gesellschaft müssen Politik und Parteiarbeit den aktuellen Aufgaben überzeugend begegnen. Dauerhafte Versäumnisse gefährden die politische Integrationsfähigkeit unserer Gesellschaft und das Vertrauen in Politik und Parteien. Mehr denn je ist Handeln gefragt.«

Nicol Ljubić beschreibt 2004 in seinem Buch *Genosse Nachwuchs,* wie er »die Welt verändern wollte«. Der Journalist trat mit 32 Jahren in Berlin in die SPD ein – vielleicht mit dem Ziel, politisch etwas bewirken zu wollen. Aber auch, um eine witzige, anteilnehmende Reportage zu schreiben. Das kann man ein klein wenig unernst finden. Schließlich engagieren sich die echten Genossen ja nicht zur Unterhaltung des Publikums; und außerdem ist es nicht nett, Leute mit Veröffentlichungsabsicht zu beobachten, die nichts davon wissen. Trotzdem ist das Buch unglaublich lesenswert und eben – unterhaltsam. Und die SPD kann jede Art von Humor, ob von Genossen oder von Beobachtern, ganz gut gebrauchen.

Außerdem fällt Ljubićs Bilanz durchaus positiv aus. »Ich habe einiges gelernt in der Partei und kann auch noch viel lernen«, schreibt er: »Alle, mit denen ich gesprochen habe, erwähnten, dass die Zeit in der Partei sie selbst weitergebracht habe. Sie hätten gelernt, Politik zu machen, zu streiten, für ihre Meinung einzutreten, mutiger zu sein, frei vor Publikum zu reden, Niederlagen zu verkraften – sie hätten einfach viel über andere und sich selbst erfahren. Das gilt auch für mich.«

Damit fasst Ljubić präzise in Worte, wie die Parteierfahrung sein kann, wenn es gut läuft: Dann gewinnt man Freunde und erlebt politische Wirksamkeit. Aber die Partei muss solche Erlebnisse möglich machen, und sie muss stolz darauf sein. Manager zahlen Unsummen für Selbsterkenntnisseminare; in der SPD ist man für einen vergleichsweise bescheidenen Mitgliedsbeitrag dabei. »In den acht Monaten habe ich eine Ahnung davon bekommen, was es bedeutet, Politik zu machen«, schreibt Ljubić, »wie schwierig es ist, eine Idee im eigenen Verband durchzusetzen, geschweige denn in der Partei oder gar im Parlament, wo noch andere Parteien sitzen. (…) Diese acht Monate waren für mich so etwas wie eine demokratische Weiterbildung.« Warum eigentlich kann ein junger Journalist so motivierend über den Alltag in der Partei schreiben, während es den Genossen so schwer fällt, positiv darüber zu sprechen? Womöglich hilft die Portion Humor, die der Autor von außen mitbringt.

Wertvolle Erkenntnisse über die organisatorischen Schwächen der SPD hat der damalige *FAZ*- und heutige *Spiegel*-Autor Nils Minkmar in seinem Buch über den Kanzlerkandidaten Peer Steinbrück *(Der Zirkus. Ein Jahr im Innersten der Politik)* offenbart: Danach scheitert die Vermittlung sozialdemokratischer Positionen häufig am chaotisch agierenden Parteiapparat. Das sei nie wirklich Schuld oder böser Wille von Einzelnen, schreibt Minkmar, und selbstverständlich gebe es auch in anderen Unternehmen und sogar Zeitungen reichlich Pannen: »Aber nicht solche seltsamen, fast systemischen Fehlleistungen, die aus verworrenen Strukturen und unklarer Kommunikation resultieren. Als würde sich ein übermütiger Politikgeist, ein Trickster, einen Jux machen.«

Es komme vor, berichtet Minkmar, dass eine Assistentin am frühen Morgen auf dem Mobiltelefon anrufe, weil sie dringend die Mailadresse des Autors brauche – eine Adresse, die ihre Kollegen seit langem fleißig anschrieben. In der Mail, die dann ankomme, werde höflich und leicht geheimnisvoll nach der Mobiltelefonnummer gefragt – genau jener also, die am Morgen mehrfach angewählt worden war. »Es kommt vor«, schreibt Minkmar, »dass Termine verschoben, dann dramatisch abgesagt werden und der, den man treffen wollte, verdutzt anruft, wo man denn bleibe.« Oder dass als Treffpunkt für ein vertrauliches Gespräch das Berliner Café Einstein Unter den Linden vorgeschlagen werde – also der Ort der Berliner Republik, wo man garantiert von allen gesehen und gehört werden kann. Generell kann vermutlich jeder, der gelegentlich dienstliche Termine mit Sozialdemokraten zu machen hat, bestätigen, dass direkter Kontakt hierfür der erfolgversprechendste Weg ist. E-Mails und Anrufe in den Apparat verhallen oft ungehört und ohne die normalen Reaktionen einer Geschäfts- oder Pressestelle.

Natürlich widersprechen sich einige der Diagnosen, erwächst aus keiner allein das Rezept für eine perfekte Partei. Aber in der Summe ergibt sich schon ein recht stimmiges Bündel von Empfehlungen: Die SPD darf bei ihrer Personalauswahl nicht zu unambitioniert sein. Sie darf sich nicht abschotten – was am besten gelingt, wenn möglichst viele Leute mit normalen Alltagsproblemen in ihr mitarbeiten. Erlebt und gemessen wird sie in starkem Maße in und an der Kommunalpolitik, und überhaupt daran, ob Sachen funktionieren. Sie darf die Bürger nicht unterschätzen. Sie sollte nicht als reine Wahlkampfmaschine wirken, sondern aus lebendigen Diskussionen Programme schaffen – aber das Publikum auch nicht zu sehr mit ihren guten Absichten belagern. Ein professionelles Auftreten auch ehrenamtlicher SPD-Politiker ist wichtig. In der Partei kann man viel lernen – besonders, wenn die Mitarbeit Spaß macht. Etwas weniger Organisationschaos würde dabei nicht schaden.

4

Ich bin dann mal hier: Neumitglied

Die SPD ist natürlich eine moderne und fortschrittliche Partei, und der Eintritt in sie gestaltet sich dementsprechend niedrigschwellig. Das geht per Klick und online. Auch deshalb kann sich die SPD-Generalsekretärin Katarina Barley 2017 über so großartigen Zulauf freuen, wobei – auch 10 000 Neueintritte bedeuten statistisch nur ein neues Mitglied pro Ortsverein. Nach dem Eintritt allerdings stellen sich einige alte Fragen: Wie kommt das Neumitglied zu seinem Parteibuch, in welcher Gestalt tritt ihm die Partei gegenüber, wie nimmt sie es auf, was kann man in der SPD eigentlich *machen?*

In den vergangenen Jahren war das Leben vieler Ortsvereine auf relativ trockenen Tagesordnungsbetrieb, auf das Ausrichten traditioneller Feste und auf zunehmend deprimierende Wahlkämpfe reduziert. Und da die Partei nicht über Nacht eine andere geworden ist, bleibt es spannend, was die SPD aus ihren »Neuen« und was die »Neuen« vielleicht aus ihr machen. In diesem Zusammenhang möchte ich die Geschichte meines eigenen Parteieintritts vor dreißig Jahren schildern – in der zarten, durchaus von aktuellen Beobachtungen gestützten Vermutung, dass manche Phänomene so oder ähnlich selbst heute noch vorkommen. Für die sozialdemokratische Zeitschrift *Berliner Republik,* die zwar nur in einer sehr kleinen Auflage erscheint, dafür aber mit geringsten finanziellen Mitteln den intellektuellen Diskurs pflegt, den die Partei so dringend in viel größerem Umfang bräuchte, habe ich meine Erlebnisse einmal aufgeschrieben.

Es war im Herbst 1986, als ich mit 19 Jahren in die SPD eintrat. Oder richtiger: Als ich *versuchte,* in die SPD einzutreten. Das war nämlich damals noch nicht so leicht wie heute. Niemand hatte mich für die sozialdemokratische Idee begeistert oder gar zum Parteieintritt gedrängt. Ich schwärmte auch nicht für eine sozialdemokratische Führungsfigur – das hätten in den späten achtziger Jahren dann der sehr alte Willy Brandt oder Hans-Jochen Vogel sein müssen, beides keine Selbstgänger. Nein, ich hatte mich irgendwie davon überzeugt, dass die SPD die Partei derjenigen sei, die etwas für andere tun wollten. Das fand ich gut. Die CDU indes kam mir wie eine Partei vor, die sehr darauf pochte, was ihren Anhängern zustand. Das mochte ich nicht so.

Ich studierte im ersten Semester an der Universität meiner Heimatstadt Kiel. Und ich hatte immerhin mitbekommen, dass der Allgemeine Studentenausschuss (AStA) dieser großen und verwirrenden Bildungsstätte von den Jusos geführt wurde. Also, folgerte ich messerscharf, müsste es doch bei diesen AStA-Jusos ein Aufnahmeformular für die SPD geben, deren Jugendorganisation sie ja schließlich waren. Es war die Zeit, bevor man alles aus dem Internet herunterladen konnte. Ich begab mich also in die Räume der Studentenvertretung, die in einem kompromisslosen Betongebäude des Studentenwerks untergebracht war.

Trotz meiner bürgerlichen Erziehung konnte ich schon von außen sehen, dass Anklopfen hier wohl nicht nötig sein würde. Die Tür zum AStA-Büro war über und über mit Aufklebern bedeckt, die für verschiedene gute Sachen warben (Feminismus, Frieden, Waffen für Nicaragua) oder sich gegen schlechte Sachen wandten (Krieg, Landesregierung, Biotechnologie). Ich trat ein. Durch den Zigarettenrauch erkannte ich schemenhaft einige Eisenregale mit Leitzordnern und einige Schreibtische, auf denen unfassbares Chaos herrschte: Papierstapel türmten sich in gefährlicher Schieflage, dazwischen Aschenbecher (voll),

Kaffeetassen (Sedimente) und mehrere Schreibmaschinen (für die Jüngeren unter uns: Es war die Zeit, als Flugblätter getippt und fotokopiert wurden, also *nach* Matrizen, aber *vor* Computern). Erst, als es sich bewegte, bemerkte ich ein – wahrscheinlich – männliches Individuum in Jeans, einem extrem ausgeleierten Sweatshirt und mit Birkenstocksandalen an den Füßen, die in grob gestrickten Wollsocken steckten.

Ich wusste noch nicht, dass dies die informell vorgeschriebene Dienstkleidung aller Jusos an der Hochschule war – und ich ahnte nicht im Entferntesten, dass ich mehrere höchst formative Jahre meines Lebens selbst in diesem Look herumlaufen sollte. Das Individuum (bei dem es sich, wie sich später herausstellte, um den AstA-Referenten für Politische Bildung handelte) wandte mir einen durchaus freundlichen Blick zu, sagte aber nichts.

»Tja«, sagte ich, »also ich studiere im ersten Semester und ich würde, also, ich würde gern mal in die SPD eintreten oder so, und ich frage mich, ob ihr da ein Eintrittsformular für mich habt vielleicht …?«

Diesen grammatikalisch sicher nicht vielversprechenden, aber doch aus Parteisicht eigentlich erfreulichen Satz hätte man nun auf vielerlei Weise beantworten können. Zum Beispiel: Das ist ja super. Wie heißt du denn, ich bin … Oder: Willst du einen Kaffee? Oder: Hast du politisch schon mal was gemacht? Wofür interessierst du dich denn? Oder: Die Juso-Hochschulgruppe trifft sich immer mittwochs um 19 Uhr, komm doch einfach mal vorbei! Oder ähnlich. Was das Individuum tatsächlich sagte, war: »Glaub' ich nicht, dass wir eins da haben.« Dann versank es wieder in Schweigen. »Ja, aber könntest du mir eins besorgen?«, fragte ich: »Könnte ich irgendwann wiederkommen und es abholen?« Pause. »Kannst ja nächste Woche noch mal nachfragen«, sagte der Referent für Politische Bildung.

Mir ist man damals nicht mit Mentoring-Programmen für junge Frauen oder mit Schnuppermitgliedschaften hinterhergerannt, mir nicht! Ich wollte wirklich freiwillig und von mir aus in die SPD eintreten. Ich kam nicht einmal wieder. Ich kam nicht zweimal wieder. Ich kam *drei Mal* wieder, bis mir der Referent ein zerknittertes, winziges Formular überreichte, das offenbar, allerdings recht akkurat, aus einer Juso-Zeitung ausgerissen worden war. (Die Adresse der SPD suchte ich mir nach dem Ausfüllen aus dem Telefonbuch heraus.) Nachdem ich das Aufnahmeersuchen abgeschickt hatte, geschah erst einmal nichts. Dann geschah noch etwas weiter nichts, und dann kam eines Tages ein älterer Mann in einem kurzärmeligen Hemd bei mir zu Hause vorbei, stellte sich als Kassierer meines Ortsvereins vor und überreichte mir – mein Parteibuch! Es war rot, und es stand SPD drauf! Der Mann erklärte mir, wie viel Beitrag ich als Studentin mindestens zahlen und wie ich das machen sollte. Mit Vorschlägen, was man denn in der SPD so tun könnte, belästigte er mich nicht.

Eines Tages landete ich bei der Juso-Hochschulgruppe, die sich tatsächlich mittwochs um 19 Uhr traf. In denkbar ungemütlicher, rauchgeschwängerter Atmosphäre saß man ohne jegliches Getränk im Besprechungsraum des AStA im Kreis. Die Szene war in das bleiche Licht einer einzelnen Neonröhre getaucht. Wer zu spät gekommen war, um eine der fragwürdigen Sitzgelegenheiten zu ergattern, musste sich an den Kopierer lehnen.

Aber. Trotz allem. Trotz allem lauschte ich mit Verzückung den vielen älteren Jungs und den wenigen älteren Mädels, die hier über das »allgemeinpolitische Mandat« diskutierten, über die »Doppelstrategie« der Jusos, über die Unzulänglichkeiten der SPD, über Ökosozialismus und Forschungskontrolle und Friedenspolitik und Drittelparität in den universitären Gremien. Ich erkannte, dass die Welt beherrschbar war, weil es Worte gab, die bestimmten, wie sie sein sollte. Man musste nur über diese Worte verfügen und dann …

Die Mehrheit der SPD-Funktionäre glaubt genau dies bis heute, und das ist Teil eines Problems der Partei: Man ist sehr schnell der Meinung, die Wirklichkeit gebannt zu haben, wenn man sie in einem Programm oder Antrag gebannt hat. Leider hat die Wirklichkeit die unglaublich anstrengende Gewohnheit, sich ständig unter der SPD-Papierwahrheit wegzurobben und ganz anders zu werden als noch gestern.

Ich lernte die magischen Worte schnell. Die Juso-»Arbeit« (Flugblätter tippen und verteilen, Pressemitteilungen schreiben für die Papierkörbe der Lokalzeitung und dergleichen) machte mir Spaß. Außer wenn die Juso-Männer uns Juso-Frauen zwangen, zur »Feministischen Frauen- und Lesben-Vollversammlung« zu gehen, was überhaupt keinen Spaß machte, weil wir dort von den FrauenLesben, die in der Überzahl waren, dafür verhauen wurden, dass wir in »patriarchalischen (also männerzentrierten) Strukturen« arbeiteten – womit sie, wie ich heute denke, in der Tat nicht vollkommen unrecht hatten. Die Juso-Hochschulgruppe war schon ein Biotop für Alphamännchen und solche, die es gern sein wollten. Aber für die jungsozialistische Sache musste eben auch mal gelitten werden.

In kurzer Zeit wurde ich sogar zur AstA-Vorsitzenden gewählt. Was ich natürlich auf meine außergewöhnliche politische Begabung zurückführte – das war, bevor ich zu ahnen begann, dass der *mühelose* Erfolg einer Frau in jedwedem SPD-Gremium ausschließlich bedeutet, dass sie von den dort vorhandenen Männern für harmlos und gut steuerbar gehalten wird.

Heute haben Wähler und Neumitglieder viel weniger Geduld mit ihren Parteien als vor dreißig Jahren. Junge Frauen, *wenn* sie sich für Politik interessieren, sind hoffentlich noch selbstbewusster als wir damals. Die SPD hat das gute, aber ungelöste

Problem, wie sie eine alte und traditionsreiche, aber eben auch oft erstarrte und verstaubte Organisationsform fit macht für offene, schwierige, fragmentierte, mitunter beunruhigende Zeiten. Der Vorsitzende der Arbeitsgemeinschaft der Selbständigen in der SPD (AGS), der Urheberrechtsanwalt und Bundestagsabgeordnete Christian Flisek, hat eine schöne Formulierung dafür gefunden, wie die SPD heute funktionieren müsste: Neben der klassischen Parteistruktur, sagt er, müsste es eigentlich eine »plug and play«-Option geben. Also eine Möglichkeit, sich in die Partei einzuklinken und unmittelbar an relevanten, anspruchsvollen und folgenreichen Diskussionen teilzunehmen. Der Vorschlag müsste nicht zwangsläufig ein revolutionäres Über-den-Haufen-Werfen der Parteistruktur bedeuten. Aber wie bei den Jusos, wo das oft ganz gut funktioniert, sollte die SPD zum Beispiel wohnortunabhängige, themenorientierte Arbeitsgruppen anbieten.

5

Und was für Leute trifft man so?

Ob Parteiarbeit Spaß macht, hängt in erster Linie davon ab, auf wen man dabei trifft. Ob eine Partei überzeugen kann, auch. Wenn ein frisch eingetretener 22-Jähriger in Berlin-Steglitz bei seiner ersten Abteilungssitzung 13 mittelschlecht gelaunten Rentnern begegnet, ist die Wahrscheinlichkeit hoch, dass er sein Engagement nicht vertieft. Wenn ein Handwerksmeister an einen 28-jährigen Ratsherrn gerät, der von Beruf Langzeitstudent ist, ist die Chance klein, dass er sich politisch besonders gut aufgehoben fühlt. Personalauswahl ist wichtig. Und Personalpolitik auch.

Alle Parteien haben heute das grundsätzliche Problem, dass sie zumindest kommunalpolitische Mandate immer schwerer besetzen können: Den Leuten fehlen offenkundig die Zeit und die Lust, sich in Ämtern zu engagieren, die maximalen Aufwand erfordern, in denen man oft genug von undankbaren Wutbürgern beleidigt wird und für die es kaum finanzielle Entschädigung gibt. In manchen Kommunalwahlkreisen von Großstädten reichen acht Mitglieder, um einen Kandidaten zu nominieren, und vierhundert Wähler, um ihn ins Amt zu bringen.

Wenn das nicht in eine Spirale abnehmender Qualität führen soll, ist es nötig, aktiv gegenzusteuern. Das heißt zum einen: Was die SPD selbst gestalten kann, muss sie auch gestalten. Gremiensitzungen sind keine Betreuungsangebote für Leute, die sonst nichts zu tun haben. Man kann Veranstaltungen so leiten, dass jeder zu Wort kommt, dass Raum für Gelächter bleibt und es am Ende sowohl ein Ergebnis als auch noch Zeit für ein paar Gläser Wein oder Bier gibt – aber man muss das wollen. Zu oft wird es in der SPD nicht gewollt. Das führt dazu, dass an der Kommunalpolitik vor allem Menschen mitwirken, die besonders »zeitreich« sind: (Früh-)Rentner, Langzeitstudenten, Beschäftigte des öffentlichen Dienstes und wenig erfolgreiche Rechtsanwälte. Wer hingegen selbständig ist, wer kleine Kinder hat oder alte Eltern pflegt, wer überhaupt irgendwie mit seiner Zeit haushalten muss, hat im Gremienmarathon keine Chance. Um den Draht in die Gesellschaft nicht zu verlieren, braucht die Partei aber auch Wissenschaftlerinnen und Künstler, aktive Soldaten und junge Eltern, Betriebsräte und technische Angestellte. Sie muss also aus purem Selbsterhaltungstrieb eine weniger sterbenslangweilige, eine hedonistischere Gremienkultur pflegen. Sie muss in einem Akt heroischer Selbstbeschränkung Mandate freihalten für Quereinsteiger: auf kommunaler, auf Landes- und auf Bundesebene. Sie muss solche ungewöhnlichen Amtsträger unterstützen. Denn sie ist dringend angewiesen auf biografische Erfahrungen, die über das Funktionärsmilieu hinausgehen, das die Partei gegenwärtig personell besetzt hält. Die Funktionärs-SPD von heute macht überwiegend für ein paar zehntausend aktive Genossen Politik, aber kaum für 20 Millionen potenzielle Wähler.

Parteivorstände müssen sich Gedanken machen und, wiederum selbstlos, nicht nur jene (jungen) Leute fördern, die ihnen treu und brav die Mehrheit sichern, sondern auch solche, die der Partei nach innen und außen nützen können, weil sie Ideen haben, Mut, vielleicht sogar andere Leute mitbringen; weil sie unbequem sind und unkonventionell denken. Auch könnten sich ältere Parteimitglieder der jüngeren gezielt annehmen. Dazu braucht es nicht unbedingt formale Mentorenprogramme, aber jemand muss sich eben zuständig fühlen, dass die »Neuen« überhaupt erfahren, worum es geht und was man selbst tun kann. Wahlkämpfe sind ideale Zeiten für die Integration von Neumitgliedern, weil da auf der Hand liegt, was alles erledigt werden muss – und bei guter Organisation können Wahlkämpfe großen Spaß machen. Aber ein attraktives Parteileben muss über Wahlkämpfe hinausgehen.

Die SPD bekommt ihre Kandidaten nicht vom Headhunter zugeführt, sie muss es selbst heranziehen und dabei selbst hohe Maßstäbe anlegen, die nicht nur im Ortsverein, sondern auch in der Öffentlichkeit überzeugen. Trotz des politischen Fachkräftemangels gilt es, Standards hochzuhalten. Das wird mehr Anstrengungen kosten als in den vergangenen Jahrzehnten. Und Auswahlgremien sollten Bewerber eher fragen: Wer bist Du? Und weniger: Was hast Du vor? Denn darüber, was man so vorhat, lässt sich viel erzählen. Was daraus wird, ist eine Frage, die die SPD zu selten überprüft.

Wer in die SPD eintritt und dort Zeit verbringt, wird feststellen, dass die Annäherung an die Partei eine zweigleisige Sache ist. Der Mensch macht etwas mit der Partei, aber die Partei macht auch etwas mit dem Menschen. Das dürfte in allen Mitgliederorganisationen so sein, hat aber jeweils spezifische kulturelle Ausformungen und kann bis zu Sprache und Kleidungsstil reichen.

Typologie I: Peter Dausends Sozis

Für die Mitglieder, Funktionäre und Mandatsträger der SPD hat der bereits zitierte Peter Dausend (er ist selbst einer der besten SPD-Erklärer im Land) sechs Typen definiert, die man nicht treffender beschreiben könnte. Deshalb sei seine Systematik hier einmal ausführlich zitiert. Dausend unterscheidet den »Durchschnitts-Sozi«, den »Milieu-Sozi«, den »Kopf-Sozi«, die »ASF-

Frau«, den »Abweichler« und den »Funktionärs-Sozi«. Mit diesen Typen muss rechnen, wer sich der Partei anschließt; zu ihnen kann werden, wer es tut.

Der Durchschnitts-Sozi ist laut Dausend »ein 59 Jahre alter weißer evangelischer Mann mit Hochschulabschluss, der genau seit 20 Jahren der SPD angehört und im öffentlichen Dienst arbeitet.« Aus Sichtungen wisse man, dass der Durchschnitts-Sozi gern auf Kreppsohlen und im Rollkragenpullover die Welt verbessere, eine Menge Dinge für bürgerlich-liberales Geschwätz halte und immer noch lieber Bier als Wein trinke. (Weintrinker sind allerdings nach jüngsten Beobachtungen auf dem Vormarsch.) Die Mehrheit bei SPD-Ortsvereinssitzungen und auf Kreisparteitagen besteht naheliegenderweise oft aus Durchschnitts-Sozis. Gegen sie ist nichts einzuwenden, sie sind absolut für das Gute in der Welt, neigen jedoch in der Gruppe manchmal zu Griesgrämigkeit und Dogmatismus. Wenn das Neumitglied auf eine solche Gruppe trifft, kann das mitunter entmutigend wirken.

Der Milieu-Sozi erscheine nur glaubwürdig, wenn er in zweiter Generation als Betonbauer schuften durfte und als Kind Fensterkitt essen musste, um satt zu werden, schreibt Peter Dausend. Er sei oft Gewerkschafter, äußerst gesinnungsfest und programmsicher, und mache nur in Einzelfällen (Gerhard Schröder) Karriere, indem er von der Partei abrücke: »Dann hassen ihn die anderen Milieu-Sozis so lange, bis sie sich an den Fensterkitt erinnern.«

Martin Schulz geriert sich zumindest in Teilen als Milieu-Sozi: Als Mensch, der die Schule schmiss, dem Alkoholismus verfiel und eine zweite Chance brauchte. Arrivierte Milieu-Sozis neigen später zur Überkompensation: Bei Gerhard Schröder mussten es die Zigarren und die Brioni-Anzüge sein. Martin Schulz macht im Hinblick auf die Themen »Alkohol« und »kein Abitur« aus einem – ungerechten – Malus eine besondere Empfehlung. Das funktioniert zunächst einmal gut, kann aber auf die Dauer bei Abiturienten und Nicht-Anti-Alkoholikern zu Verdruss führen.

Der Kopf-Sozi stamme aus einem bürgerlichen Elternhaus und sei in die Partei eingetreten, weil er irgendetwas Ideelles an ihr gut gefunden habe, schreibt Peter Dausend: »das Eintreten für parlamentarische Demokratie, die Überwindung der Klassengesellschaft, das Nein zum Ermächtigungsgesetz, den Widerstand gegen die Nazis, Willy Brandt und die Ostpolitik, das Nein zum Irakkrieg, das Ja zum Atomausstieg – oder schlicht die Idee, dass Leute, die qua Geburt nicht so gesegnet sind wie er selbst, den Snobs aus seiner Klasse sagen dürfen, wo es langgeht.« Gleichzeitig findet der Kopf-Sozi vor allem sich selbst gut. »Sich in eine Idee einbetten, die größer ist als er selbst, kann er gar nicht, weil er größer ist als jede Idee«, schreibt Dausend. Als prominente Kopf-Sozis nennt er bekannte Talkshow-Elder-Statesmen: Wolfgang Clement, Klaus von Dohnanyi, Peer Steinbrück.

Die »ASF-Frau«, also die Frau aus der Arbeitsgemeinschaft Sozialdemokratischer Frauen, kann man sich, das ist jetzt nicht Dausends, sondern meine eigene Beobachtung, ungefähr so vorstellen wie die stellvertretende Parlamentspräsidentin Ulla Schmidt, nur viel weniger mächtig. Die ASF-Frau ist in der misslichen Lage, nun schon seit mehr als zehn Jahren erklären zu müssen, warum Deutschlands Frauen bei der ersten Bundeskanzlerin der Geschichte schlechter aufgehoben sind als bei den SPD-seitig jeweils antretenden Alphatieren Schröder, Steinbrück, Steinmeier, Schulz.

Den »Abweichler« bezeichnet Peter Dausend als »sozialdemokratischen Antihelden«. Der besitze die »wundersame Fähigkeit, das komplette Spektrum der SPD zu durchwandern, ohne sich dabei einen Millimeter bewegen zu müssen. In einem Fall ist es einem Abweichler sogar gelungen, allein durch Beharrungsvermögen die SPD zu verlassen, eine neue Partei zu gründen, eine jüngere Frau zu finden und sich ins Saarland zurückzuziehen.« Neben Oskar Lafontaine gehörte zum Beispiel der verstorbene Sozialpolitiker Ottmar Schreiner zu den bekanntesten Abweichlern. Von Schulz' Retro-Kurs in Sachen Sozialpolitik wäre er sicher hoch erfreut gewesen.

Mein persönliches Lieblingsexemplar in der dausendschen Typologie ist der Funktionärs-Sozi. Der wisse genau, dass die SPD nur gewinnen könne, wenn sie mit dezidiert linkem Profil antrete; außerdem, wie man Parteitagsmehrheiten organisiere und einen Kanzlerkandidaten mit einem Programm beschwere, das garantiert linker sei als dieser selbst. »Der Funktionärs-Sozi ist ein Großmeister darin, Definitionshoheit darüber zu erreichen, was und wer als sozialdemokratisch gelten darf. Parteifreunde, die nicht in jedem zweiten Satz ›soziale Gerechtigkeit‹ sagen, sind ihm vor allem dann suspekt«, schreibt Dausend, »wenn sie in Umfragen auch noch hohe Beliebtheitswerte erreichen. Dann muss der Funktionärs-Sozi ran, drängt in Talkshows und Zeitungsinterviews und predigt dort so lange den rein sozialdemokratischen Glauben, bis auch der letzte Wechselwähler davon abfällt.«

Wäre das Ganze ein Pokemonspiel, dann hätte der Funktionärs-Sozi die höchste innerparteiliche Kampfkraft, dafür aber eine Außenwirkung im Minusbereich. Ein Problem der SPD ist, dass sie in relativ starkem Maße von den Funktionärs-Sozis dominiert wird und dass die Funktionärs-Sozis ihr Leben ziemlich weit entfernt von den normalen Menschen verbringen.

Es gibt auch eine Spielart von Funktionärs-Sozis, die nicht aus der Partei, sondern aus dem Parlaments- oder Regierungsapparat kommen: Man könnte sie »Referenten-Sozis« nennen. Vielleicht bilden sie inzwischen auch schon eine neue, eigene Art. Irgendwann findet der Referenten-Sozi, dass er von der Sache mehr versteht als sein Chef – und wenn ein Nachfolger für diesen Chef gesucht wird, versteht der Referenten-Sozi in der Regel jedenfalls mehr von der Sache als alle anderen Bewerber. So zieht er in Landtage und in den Bundestag ein, und mit Fleiß und Glück sogar in höchste Staatsämter.

Der Referenten-Sozi behält immer etwas Verwaltungsmäßiges an sich. Das muss nicht unpopulär sein. Man traut ihm irgendwie zu, dass er jedes Sachproblem lösen kann – aber dass er es eben, ganz effizienter Verwaltungsmann, so oder so lösen könnte. Dass ihm daher ein unverhandelbarer Kern von Überzeugungen fehlt, der einen Politiker authentisch, echt und glaubwürdig wirken lässt. Und dass er sich vielleicht zu oft hierarchische Lösungen für Probleme wünscht, die nun einmal ausverhandelt werden müssen.

Typologie II: Migranten, Junge, Frauen, Ältere

Wenn man einmal ohne den spöttischen Blick eines Peter Dausend auf die Mitgliederstruktur der SPD und dabei nicht nur auf die Funktionäre schauen will, dann gibt es gegenwärtig vier Gruppen, für die günstige Dynamiken vorstellbar sind. Die Frage, wie diese Gruppen angesprochen werden, wird eine Führungsaufgabe für Martin Schulz sein.

Mitglieder mit Migrationshintergrund

Für Migranten, zumal solche aus Südeuropa und aus der Türkei, galt lange Zeit, dass sie der SPD relativ treu ihre Stimme gaben, aber in der aktiven Politik der Partei keine große Rolle spielten. Das hat sich in der Generation ihrer in Deutschland geborenen Kinder geändert, ein wenig jedenfalls: Mit der ehemaligen Bundestagsabgeordneten und Autorin Lale Akgün, mit der Integrationsbeauftragten der Bundesregierung, Staatsministerin Aydan

Özoğuz, mit der Gesundheitssenatorin des Landes Berlin Dilek Kolat, mit dem Berliner Fraktionsvorsitzenden Raed Saleh, mit den Bundestagsabgeordneten Gülistan Yüksel und Metin Hakverdi gibt es immerhin einige gut sichtbare SPD-Politikerinnen und -Politiker, die dieser Gruppe angehören.

Die SPD sollte sich allerdings davor hüten, ihre migrantischen Mitglieder und Wähler paternalistisch und in Kümmerer-Manier von oben herab zu behandeln. Wir haben es gegenwärtig neben allem anderen auch mit der ersten Migrantengeneration zu tun, in der viele ganz selbstverständlich Abitur gemacht haben, an Hochschulen studierten und akademischen Berufen nachgehen. Viele der Absolventen waren und sind zielstrebiger als die Deutschstämmigen. Wie das ja häufig bei den ersten Kindern ist, die von ihrer Familie aufs Gymnasium geschickt werden. Für diese Klientel hat, das vermute ich nach vielen Gesprächen, eher die Gültigkeit des Aufstiegsversprechens Bedeutung als folkloristisch zelebriertes gemeinsames Fastenbrechen oder der tapfere Einsatz für die Erlaubnis, im öffentlichen Dienst Kopftücher zu tragen. Sie wollen gute Schulen für ihre Kinder haben, sie wollen in sicheren Nachbarschaften leben und sie wollen im Zweifelsfall nicht von einer überbordenden Bürokratie dazu gezwungen werden, in ihrer Anwaltskanzlei aus Arbeitsschutzgründen Fenster in die Wände ihrer Teeküche zu brechen. Auch an sie sollte die SPD ein mittiges Angebot richten. Denn das sind nicht Leute, die sich hier fremd und ausgrenzt fühlen. Sondern Leute, die hier zu Hause sind, es hier gut finden und an einem aktiven Parteileben Freude haben könnten.

Junge Leute

Im Prinzip sind die Jusos richtig organisiert: jeweils auf Kreis-, Landes- und Bundesebene. Wer mit 18, 20, 22 Jahren in die Partei kommt, möchte meist über große Politik und die Weltlage diskutieren, nicht über das Innenstadtkonzept »Nette Toilette«, die Sanierung von Kitas oder die Ausweisung gemeinsamer Gewerbegebiete mit der Nachbarkommune. (Wen das doch interessiert, der hat in der Kommunalpolitik zahlreiche Möglichkeiten, sich zu betätigen. Junge Leute werden dort händeringend gesucht – eben weil kommunalpolitische Themen auf diese Zielgruppe offenbar nicht besonders viel Anziehungskraft ausüben.) Deshalb ist der Ortsverein für Jusos ein nicht immer gut geeigneter Aufenthaltsort. Was nicht so sein müsste, wenn mehr Ortsvereine sich dazu verstehen könnten, auch allgemeinpolitisch und nicht ausschließlich über lokale Angelegenheiten zu diskutieren. Sogar ältere, nicht-aktive Genossen hätten vielleicht mehr Interesse, den Ortsverein zu besuchen, wenn dort mehr über aktuelle nationale und internationale Politik diskutiert würde als über das kommunale Klein-Klein und die Kandidaten für die Wahl des nächsten Kreisvorstandes. Oder aber es bräuchte eben die erwähnte zusätzliche »plug and play«-Struktur, für Jusos wie für Erwachsene.

Dass die Jusos ihren SPD-Kreisverbänden auf den Wecker fallen und irre Anträge zum Bundesparteitag schreiben, ist geradezu ihre Aufgabe: Kritik muss man ja ebenso lernen wie das Organisieren von Mehrheiten oder den Mut, öffentlich zu reden. Ein wenig schade ist es nur, dass die Positionen der wahrnehmbaren Jusos heute so sehr in eins fallen mit den Positionen der Parteilinken: Sie äußern damit die erwartbarste Kritik an der – ja immer und ewig als »rechts« gescholtenen – Parteiführung, die man sich nur vorstellen kann.

Die Freiheit, einfach auf ganz andere, eigensinnige Weise kritisch zu sein, sollten sie sich nehmen. Überhaupt sollten sie ausschließlich tun, was ihnen Spaß macht, denn einen sehr viel höheren Sinn hat ihre Parteiarbeit am Anfang nicht: lernen und Spaß haben. Eine Ausstrahlungswirkung auf junge Wähler entfalten sie nämlich mit ihrer derzeitigen Arbeitsweise nicht. Vielleicht würde sich das ändern, wenn sich die Jusos von der etwas schmalspurigen linken Weltsicht befreien und einfach Lebensfreude und einen kritischen Geist verströmen würden. So wie der Juso, der auf einem Berliner Landtagsparteitag 2016 gegen den digitalverliebten Zeitgeist den Antrag einbrachte, für die anstehenden Vorstandswahlen keine digitalen Wahlgeräte zu benutzen, weil das den Wahlvorgang erstens manipulierbar und zweitens technisch nicht nachvollziehbar mache. Der Antrag wurde natürlich mit großer Mehrheit abgelehnt. Aber recht hatte der junge Mann. Das war eigenständiges Denken. Und Mut. Das nützt der SPD sehr viel mehr als die Anbetung »sozialer Netzwerke« als Inbegriff von Jugendlichkeit und technischem Fortschritt.

Frauen

Ganz abgesehen von ihrem großartigem Kampf für das Frauenwahlrecht, das 1918 eingeführt wurde, hat die SPD vor beinahe dreißig Jahren die Quote installiert, wonach mindestens je 40 Prozent aller Mandate und Parteifunktionen vom einen und 40 Prozent vom anderen Geschlecht besetzt werden müssen. Trotzdem hat die Partei nur 32 Prozent weibliche Mitglieder. Kann man eine Macho-Partei bleiben, obwohl man eine Quoten-Partei ist? Kann man vielleicht sogar durch die Quote noch stärker zur Macho-Partei werden? Warum ist die Partei, die so viel für die Gleichstellung von Frauen getan hat, bei den Mitbürgerinnen so wenig begehrt? Aber auch: Warum ist bei der SPD bis zum Horizont keine Kanzlerkandidatin, keine Parteivorsitzende, keine Fraktionsvorsitzende, keine Außen-, Finanz-, oder Verteidigungsministerin in Sicht?

Hier eine Reihe von Vermutungen: Vielleicht hat die Quote Männerseilschaften dazu verleitet, genau jene Frauen zu kooptieren und zu fördern, die ihnen vollkommen harmlos und am wenigsten störend erscheinen – während sich bei den Parteien mit geringerem Quotendruck die Frauen durchsetzten, die wirklich selbst etwas wollten und konnten? Kann es außerdem sein, dass die im weitesten Sinne als »bürgerlich« beschriebenen Parteien sich mit der Gleichstellung am Ende leichter tun, weil sie das Konkurrenz- und Leistungsprinzip etwas stärker verinnerlicht haben, während die SPD in einem Treibsand aus Lokalproporz und Quote feststeckt? Diverse Besetzungen von Fachpositionen legen das nahe. Aber »Hauptsache Frau« oder »Hauptsache NRW« ist auf Dauer kein überzeugendes Prinzip.

Ferner: Kann es sein, dass die frühen Gleichstellungs- und Antidiskriminierungsbemühungen der SPD letztlich ein Förderprogramm für kinderlose Frauen im öffentlichen Dienst waren? Ihnen kam zugute, dass bei gleicher Qualifikation Frauen bevorzugt eingestellt und befördert wurden. Die Frauen mit kleinen Kindern hingegen waren in den achtziger und selbst in den neunziger Jahren noch so sehr auf sich gestellt, wenn es um die Vereinbarkeit von Familie und Beruf ging, dass sie sich auf Führungspositionen kaum bewarben. Erst Renate Schmidt als Familienministerin nahm sich entschlossen dieses Themas an. Leider kam sie 2005 im Kabinett der Großen Koalition nicht mehr zum Zuge, aber ihre Pläne für Kita-Ausbau und Elterngeld fielen in die Hände der motivierten und fortschrittlichen Ursula von der Leyen (CDU), die sie höchst erfolgreich weiter umsetzte – auch gegen den Widerstand aus dem eigenen Unionslager. Mit der Folge, dass die familienpolitische Offensive hauptsächlich ihr zugerechnet wurde. Und viele junge Frauen seither Union wählten. Unter all der verbalen Frauenfreundlichkeit der SPD steckt immer noch eine Männerkultur, die Frauen nicht in ihrem eigenen Wollen akzeptiert, sondern versucht, sie zu positionieren, zu instrumentalisieren, gegeneinander auszuspielen oder strategisch gegen unliebsame (auch männliche) Gegner einzusetzen. Offenbar spüren die potenziellen Wählerinnen – und möglichen Mitglieder – diese Unaufrichtigkeit. Und halten Abstand.

Ältere

Dann sind da die älteren Genossinnen und Genossen, die größte Gruppe innerhalb der SPD. Zunächst einmal: Es ist gut, dass sie da sind. Unsere Gesellschaft wird älter, und keinen Konsumenten, keinen Leser, Wähler oder Genossen sollte man geringschätzen, weil er über 60 oder 70 oder 80 Jahre alt ist. Deshalb war das Schlimmste, was die SPD sich selbst antun konnte, die Gründung der Arbeitsgemeinschaft 60+. Was für ein Wahnsinn: Leute mit einem Leben, einer Biografie, Erfahrungen und Souveränität wegzuorganisieren in einem Altenghetto! Für die Jusos macht ein Schutzraum, wo sie sich ausprobieren können, ohne dass alle anderen den gesamten Lernprozess ständig noch einmal mitvollziehen müssen, ja durchaus Sinn. Aber doch nicht für die Erfahrungsträger der Partei! Doch nicht für die Leute, die endlich frei sind vom unmittelbaren Streben nach Ämtern und Würden – wobei sie beides natürlich haben können! Was für eine grausame, dumme Art von *Ageism* ist 60+? Will man die Älteren auf eine Art Kaffeeklatsch- und Rentenverdrossenheitsprekariat reduzieren? Die Partei braucht natürlich eine gute altersmäßige Mischung. Und im Sinne der Selbstorganisation von Interessen kann sie genau das Angebot machen, das den offensichtlich schwierigen Übergang vom hundertfünfzigprozentigen Berufsleben in eine Form von moderaterer Herausforderung einfacher gestalten kann. Viele Menschen tun sich schwer damit, sich vorzustellen, was sie nach dem Ende ihres Beschäftigungsverhältnisses mit sich anfangen sollen. Viele denken, sie hätten sich jetzt die Freizeit verdient – und entdecken nach zwei Monaten, dass sie einen Sinn im Leben brauchen. Für SPD-Mitglieder gibt es den. Und auch analoge menschliche Begegnungen als Kontrastprogramm zur entkörperlichten Digitalkultur.

SPD-Mitglieder, die nicht mehr dem unmittelbaren Druck des Erwerbslebens ausgesetzt sind, wären ungeheuer wichtig für den Meinungsbildungsprozess der Partei. Sie haben Erfahrung, sie haben Zeit, zu lesen und sich zu informieren und neue Impulse für die innerparteiliche Diskussion zu setzen. Sie können ein unvergleichliches Präsenzangebot machen: von der Veranstaltungsvorbereitung über den Deutschkurs bis zur Museumsführung. Die SPD sollte sich von einem Gedanken wirklich verabschieden: Es gibt keinen politischen Seniorensektor. Es gibt nur unterschiedlich alte Menschen, die sich engagieren.

Gleichwohl bleibt halbwegs gleichmäßige Präsenz verschiedener Altersgruppen in Parteigremien natürlich ebenso wichtig wie die Repräsentanz ganz unterschiedlicher Berufsgruppen. Je weniger »seniorenhaft« sich die Älteren verhalten, desto leichter wird das gelingen. Und natürlich ist ihnen, ebenso wie manchen »zeitreichen« Parteifunktionären, ein gewisses Maß an Rücksicht gegenüber den Jüngeren, den weniger Erfahrenen und zeitlich stark Belasteten abzuverlangen. Häufig hört man auch die Vermutung, eine zu hohe Konzentration von älteren Mitgliedern mache die Partei insgesamt konservativer und weniger innovationsfreudig. Das stimmt definitiv für Themen wie die (inzwischen ja schon wieder relativierte) »Rente mit 67«: Dazu diskutierten gerade die pensionierten Genossen höchst erbittert, obwohl die Reform ausgerechnet sie überhaupt nicht betraf, sondern gerade die Jüngeren, deren Rentenzukunft besonders düster aussah und aussieht. Man kann dies aber auch verstehen: So wie die »Rente mit 67« von der Schröder-SPD kommuniziert wurde, konnte sie leicht als eine Infragestellung der Lebensentwürfe einer ganzen Generation verstanden werden. Die Älteren hätten sich dann nicht wirklich gegen die Verlängerung der Lebensarbeitszeit gewehrt, sondern gegen das Gefühl, rententechnisch als faul und drückebergerisch betrachtet zu werden.

Eine weitere Tendenz allzu altershomogener Gruppen lässt sich in manchen Gremien etwa der SPD-nahen Friedrich-Ebert-Stiftung oder in der Grundwertekommission der Partei beobachten. Dort ballen sich diejenigen, die zur Generation der Achtundsechziger zählen. Von ihnen kann man keineswegs sagen, dass sie konservativer würden: Vielmehr lässt sich bei Ihnen oft eine gewisse Altersradikalisierung beobachten. Diejenigen, die früher schon links waren, wie die »rote« Heidi Wieczorek-Zeul, sind es immer noch oder sogar noch mehr; diejenigen, die einst einen gemäßigten Kurs propagierten, wie Gesine Schwan, haben ihre Meinungen deutlich nach links korrigiert. Eine Rot-Rot-Grün-Politik, wie Jusos und Parteilinke sie wollen, wäre mit diesen Oldies mühelos zu machen. Die Frage ist nur, wie gut das der SPD am Wahltag (und beim Regieren danach) täte.

6

Sprache ist dazu da, sich verständlich zu machen

Bevor Martin Schulz kam und mit einfachen Sätzen über soziale Gerechtigkeit alle Sprachbarrieren zwischen Wählerschaft und SPD hinwegzufegen schien, hatte es in Deutschland eine Art grundsätzliche Sprachstörung gegeben. Es ist nicht ganz unwahrscheinlich, dass diese Störung unter der Oberfläche allgemeiner Schulz-Zufriedenheit weiter existiert, denn in Amerika, Frankreich oder Großbritannien gibt es sie auch. Es handelt sich dabei um ein Gefühl der Entfremdung zwischen der politisch-medialen Klasse und vielen Menschen, die sich selbst als »Normalbürger« empfinden. Viele von ihnen sehen sich durch die informellen Regeln der Political Correctness gegängelt, und das sind beileibe nicht nur Anhänger rechtspopulistischer Parteien. Man dürfe in Deutschland so viele Dinge nicht mehr aussprechen, heißt es in Leserbriefen und in sozialen Netzwerken.

In vielen Fällen – Antisemitismus, Frauenhass, Fremdenfeindlichkeit – ist es natürlich gut, wenn ein gesellschaftlicher Konsens sie unaussprechlich macht. Aber es gibt auch politische Positionen, meist konservative, die sich deutlich innerhalb des demokratischen Spektrums befinden und trotzdem in der höflichen Gesellschaft geächtet sind. So kann man ziemlich leicht Abendeinladungen ruinieren, wenn man bezweifelt, dass Krippenbetreuung wirklich gut für sehr kleine Kinder ist oder dass es in manchen Fällen mit Blick auf die Kinder besser ist, sich nicht scheiden zu lassen, auch wenn man sich auseinandergelebt hat. Der linksliberale Zeitgeist hat derartige Äußerungen nicht so gern.

Es ist schädlich, wenn Politik den Eindruck erweckt, Sprachvorschriften zu machen, und ebenso schädlich ist es, wenn Medien und Politik ihr Publikum unterschätzen. In Deutschland gibt es leider einen ausgeprägten Hang, in Reden und Leitartikeln zu den Zuhörern und Lesern hinabzupredigen. Auf der Unionsseite spricht die Kanzlerin manchmal zur Öffentlichkeit, als ob sie Kindern die Welt erklärt; es gibt wenige Stellen in Angela Merkels Reden, die zum Einhaken, Widersprechen, Weiterdenken einladen. Auf der SPD-Seite gibt es eigene Sprachprobleme. Die Partei hat eine Neigung zum Jargon und glaubt oft, per Spiegelstrich die Welt verändern zu können. Außerdem simuliert sie mitunter Kommunikation, wo gar kein echtes Gespräch stattfindet.

Auf die Frage der *taz*, was sie am meisten an ihrem neuen Job überrasche, antwortete die 2015 zur Generalsekretärin der SPD gewählte Katarina Barley: »Mich hat irritiert, wie seltsam man angeschaut wird, wenn man nicht die ritualisierte Politiksprache benutzt. Ich habe ja 40 Jahre lang ein normales Leben geführt, mit Familie, Beruf, Ehrenamt, ohne Kameras. Die Art, wie in Talkshows geredet wird, hat mit dem Alltag nichts mehr zu tun.« Was allerdings, so muss man ergänzen, manchmal mit Kommunikationstrainern zu tun hat, die ihren Klienten als Kernkompetenz beibringen, auf Fragen *nicht* zu antworten, sondern einfach zu sagen, was sie sowieso sagen wollen. Das mag – siehe oben – für sie selbst eine sichere Strategie sein. Alle anderen frustriert es.

Katarina Barley kann sich im nicht-öffentlichen Gespräch noch viel sarkastischer (und lustiger) über Politphrasen auslassen als im Zeitungsinterview. Nimmt man die veröffentlichte Parteiprosa diverser Parteifunktionäre in den Blick, dann müsste sie eigentlich die meisten Textarbeiter im Willy-Brandt-Haus hinauswerfen und das komplette Textbausteine-Archiv löschen lassen.

Jargon

Die alte Vorstellung, dass der Sozialismus erstens ein wissenschaftlicher Weltzugriff und dementsprechend zweitens erlernbar ist, könnte dem spezifisch sozialdemokratischen Umgang mit Sprache zu Grunde liegen. Denn der junge, frisch eingetretene Sozialdemokrat musste ja früher zunächst einmal ganz buchstäblich viele Begriffe lernen – »demokratischer Sozialismus«, »Doppelstrategie«, »Stamokap« und so weiter. Was der »demokratische Sozialismus«, der bis heute im Grundsatzprogramm der SPD steht, genau *ist*, ist schwer zu sagen. Etwas mit Wahlen auf jeden Fall, und vermutlich weniger autoritär als die DDR, aber mit mehr verstaatlichten Betrieben, Wirtschaftsplanung und Lohnobergrenzen als bei uns üblich. Die »Doppelstrategie« bedeutete, gleichzeitig in Parlamenten und gesellschaftlichen Bewegungen für den Fortschritt zu kämpfen. Und »Stamokap«, ein inzwischen eingemotteter Begriff, ist die Kurzformel für den »staatsmonopolistischen Kapitalismus«, was bedeutet, dass der Staat als »ideeller Gesamtkapitalist« die kapitalistische Wirtschaftsweise ermöglicht.

Dieser Sprachkurs war ziemlich aufwendig und natürlich eher ideologisch als wissenschaftlich – aber am Ende hatte man einen rhetorischen Setzkasten beieinander, mit dem sich Frauen beeindrucken und politische Gegner aushebeln ließen. Und man erlag auch leicht der Versuchung, den bloßen Sprech- (oder Schreib-) Akt schon für eine tatsächliche Veränderung der Wirklichkeit zu halten. Ich habe einige Jahre gebraucht, um zu begreifen, dass sich diese große, bunte, wuselige, vielfältige Wirklichkeit da draußen gar nicht immer an das halten wollte, was wir in Flugblätter und Anträge schrieben. Und wenn ich heute Veröffentlichungen meines Ortsvereins lese (die Mitgliederzeitung heißt, recht kompromisslos, *Sozialdemokrat,* ist auch recht kompromisslos eng gesetzt, erscheint aber beachtlicherweise im 56. Jahr), dann vermute ich schon, dass es immer noch so ist. So liest man dort zum Beispiel, es gelte die Fluchtursachen auf der Welt zu bekämpfen durch »Beendigung der Kriege und Bürgerkriege im Nahen und Mittleren Osten unter Einbeziehung von Konfliktparteien wie Saudi-Arabien«. Schön, dass wir das offenbar irgendwann im Jahr 2016 beschlossen haben – aber wer geht da jetzt hin, in den Nahen und Mittleren Osten, und regelt die Dinge? Es gab ja beim letzten Bürgerfest noch nicht mal genug Kuchenspenden.

Sich überhaupt mit politischer Theorie auseinanderzusetzen, überhaupt erst einmal ein paar Bücher zu lesen, bevor man die Umgestaltung der Gesellschaft anpackt, das ist höchst lobenswert. Und passiert wahrscheinlich bei weitem nicht im ausreichenden Maße. Aber den Jargon mit der Wirklichkeit zu verwechseln, das ist gefährlich.

Und schwierig wird es, wenn sich Jargon und bestimmte Haltungen mischen, Jargon und Herablassung zum Beispiel. So hat die SPD 2015 mit großem Aufwand, mit Regionalkonferenzen und Dialogforen und *Vorwärts*-Begleitberichterstattung ein »Impulspapier für die Sozialdemokratische Politik im kommenden Jahrzehnt« formuliert, es heißt: »Starke Ideen für Deutschland 2025«. Es enthält sprachliche Highlights wie »In Zeiten der Konfrontation und der Isolation brauchen wir die Perspektive neuer Öffnung und neuer Partnerschaft«, oder: »Eine gerechte Welt ist eine Welt, in der wir sicher und frei leben können.« Wirklich *gefährlich* ist dieses Papier wahrscheinlich nur, wenn man es beim Autofahren liest. Aber was bringen derartige Phrasencocktails für das echte Gespräch mit echten Menschen?

In der *Vorwärts*-Berichterstattung zu diesem komplett folgenlosen Text beantwortete Sigmar Gabriel dann Fragen von Genossen. Christian fragte: »Was braucht man, um eine Familie zu gründen? Ich würde mit meinen 22 Jahren keine Familie gründen wollen, obwohl ich eine Ausbildung zum Industriekaufmann habe und erwerbstätig bin. Gründe sind zum einen die schlechte Bezahlung trotz guter Ausbildung und zum anderen die hohen Kosten für eine Familiengründung …«

Gabriel: »Lieber Christian, deine Vorsicht kann ich gut verstehen, denn mit der Gründung einer Familie übernimmt man Verantwortung füreinander …«

Dirk (50) wollte wissen: »Warum fragt Ihr Genossinnen und Genossen nicht auch, was für sie Bildung heißt?«

Gabriel: »Lieber Dirk, das stimmt. Die SPD war und ist die Bildungspartei in Deutschland …«

Daniela (32) wünscht sich mehr Polizisten, damit die innere Sicherheit verbessert werden kann.

Gabriel: »Liebe Daniela, es ist eine der wichtigsten Aufgaben des Staates, seine Bürgerinnen und Bürger vor Gewalt und Kriminalität zu schützen …«

Lothar (64): »Wir brauchen ein Einwanderungsgesetz.«

Gabriel: »Lieber Lothar, die wichtigste Voraussetzung für gelungene Integration ist Sprachförderung vom ersten Tag an. Da ist es zunächst zweitrangig, wie aussichtsreich der Asylantrag eines Flüchtlings ist …«

Bernd (46): »Ich wünsche mir eine Kultur der Wertschätzung von Arbeitgebern gegenüber Arbeitnehmern und durchaus auch umgekehrt.«

Gabriel: »Lieber Bernd, ich finde diesen Hinweis sehr wichtig …«

Nichts von alldem ist falsch. Es ist nur auch keine Kommunikation. Ebenso wenig wie die nachfolgenden veröffentlichten Zitate von Mitgliedern des SPD-Parteipräsidiums:

a) Der Mensch steht weiterhin im Mittelpunkt unserer Überlegungen, das unterscheidet uns von der politischen Konkurrenz.

b) Unsere Wirtschaft ist innovativ und leistungsstark.

c) Deutschland ist ein starkes und stabiles Land.

d) Die SPD steht für eine moderne Gesellschaft, in der Menschen jeder Herkunft, Frauen wie Männer und Kinder aller Familien die gleichen Chancen haben.

e) Wohlstand für alle – dieses Versprechen muss für alle gelten.

f) Willy Brandt sah den Sinn von Politik darin, das Leben der Menschen besser zu machen – gelingt das, haben rechte Vereinfacher und Rattenfänger keine Chance.

g) Eine sozialdemokratische Politik, die heute als Gegenentwurf zum entfesselten globalen Kapitalismus die Würde und die Freiheit jedes einzelnen Menschen wieder zum Maß der Dinge erhebt, ist heute wichtiger denn je.

h) Eine offene Gesellschaft zu gestalten heißt für mich, gleiche Chancen und gleiche Teilhabe für alle Menschen in unserem Land zu ermöglichen.

(Hannelore Kraft, Olaf Scholz, Sigmar Gabriel, Manuela Schwesig, Torsten Schäfer-Gümbel, Ralf Stegner, Dietmar Nietan, Aydan Özuğuz)

Noch ein Satz aus einem Papier des Parteivorstandes zum Diskussionsprozess um das »Impulspapier«, der seinen krönenden Abschluss im Herbst 2016 auf einer »Zukunfts- und Modernisierungskonferenz« fand: »Wir wollen Deutschlands Zukunft gemeinsam mit denjenigen schreiben, die gestalten wollen. [...] Wir laden auch diejenigen dazu ein, die sich von Politik bisher nicht angesprochen fühlen.«

Gute Kommunikation meidet abstrakte Begriffe, sie lädt zur Erwiderung ein, sie erzählt bunt und mit starken, kurzen Worten vom Leben – und auch über die Schwierigkeiten der Politik. Gute Kommunikation ist ernsthafte Kommunikation. Es geht nicht darum, irgendetwas zu sagen, es geht darum, *etwas* zu sagen. Eine ernsthafte Partei sollte jeden Satz, der in ihrem Namen gesagt oder geschrieben wird, möglichst ernst nehmen. Willy Brandts Abschiedsbrief an seine Partei im Jahr 1992 war ein großer Text, in dem jeder Satz etwas bedeutete – sicher auch, weil der Schreiber wusste, dass er hier sein Vermächtnis hinterließ. Nicht jeder Schreiber ist Willy Brandt, nicht jedes Grußwort ist ein Abschied. Aber im Prinzip sollte keine Gelegenheit zur öffentlichen Rede vergeudet werden ohne einen originellen Gedanken, ein ungewöhnliches Bild, eine Frage, die beim Publikum nachklingt. Jeder Redner muss sich doch nur selbst einmal fragen, wo er zu- und wo er selbst weghört.

Vorgetäuschte Beteiligung

Eine Versuchung, der Sozialdemokraten nach meiner Beobachtung leicht verfallen, ist die bloße Vortäuschung von Beteiligung. Man ist natürlich sehr basisdemokratisch gesinnt. Und man weiß, dass es sich bei jeder heiklen Entscheidung gut macht, wenn man darauf verweisen kann, dass »die Bürger« es schließlich so wollten.

Das kann zu absurden Situationen führen: »Bürgerbeteiligung« kann bedeuten, dass vier Bürger einen Samstagvormittag lang mit zwanzig Sozialdemokraten über ein telefonbuchdickes Kommunalwahlprogramm diskutieren. Darin ist alles geregelt, bis hin zur Transgender-Schwimmstunde. Aber es ist eigentlich nicht wirklich vorgesehen, die überraschend auftauchenden Vorschläge der Bürger auch noch aufzunehmen – zumal sie zum Teil leider quer zur SPD-Beschlusslage verlaufen. Am Ende kann man aber der Presse sagen, wie breit man die Öffentlichkeit am Programmprozess beteiligt hat.

Ähnlich verhält es sich mit der innerparteilichen Beteiligung der Mitglieder. Die Zahl der Arbeitsgruppen, Perspektiv-AGs, Internetabstimmungen, Regionalkonferenzen, die über das aus dem oben zitierten »Impulspapier« zu generierende Regierungsprogramm diskutieren und den Wahlkampf vorbereiten sollten, war am Ende kaum noch zu überschauen. SPD-Funktionäre und -Mitarbeiter wurden durch diese Veranstaltungen ganz gewiss beschäftigt gehalten (so dass sie nicht auf irgendwelche gefährlichen eigenen Gedanken kommen konnten). Aber ist diese Konferenzwelle wirklich die Art von Kommunikation, die die Partei auf Dauer mobilisiert – und die vor allem Erkenntnisse und neue Gedanken hervorbringt? Oder sollen nur alle ein bisschen mitgeredet haben?

Was heißt denn eigentlich »Beteiligung«, wenn alle Themen bereits ausgewählt, vordiskutiert und vorkonstruiert sind? Und was denkt man, wenn man die damalige Generalsekretärin der SPD Yasmin Fahimi sagen hört: »Wir haben auf dem Perspektivkongress erlebt, wie eine moderne, dynamische Partei Antworten für morgen erarbeitet: gemeinsam, transparent, mit neuen Beteiligungsmöglichkeiten«?

Parteien, Parteiapparate sind nicht immer an dem interessiert, was die potenziell störenden Bürger in ihren internen Diskurs einbringen. Sie wollen nur das Kästchen abhaken können. Verwaltungen gehen da manchmal ganz ähnlich vor. Der Architekturkritiker Dankwart Guratzsch hat das in einem sehr witzigen Essay für die *Welt* »Particitainment« genannt: Beteiligungsbespaßung. Unglücklicherweise seien alle diese Formate, all diese Zettelbörsen und Metaplan-Wände und Versprechungsposter gerade für so etwas wie Stadtplanung völlig ungeeignet, schreibt er: Die demografischen und städtebaulichen Trends seien zehn Jahre im Voraus kaum abzusehen; junge Leute müssten in Wohnungen leben, die dem Geschmack der Vorgängergeneration entsprächen. Scharen von Verwaltungsmitarbeitern würden in der Regel zu solchen Veranstaltungen beordert, um den »ergebnisoffenen« Dialog in die richtige Richtung zu lenken. Und wenn das Stadtplanungsamt am Ende des Tages mit den Ergebnissen der Bürger nicht zufrieden ist, kann man zur Not nach Feierabend die Klebepunkte auf den Stellwänden noch schnell umkleben, bis alles passt. Kein Witz!

Dankwart Guratzsch zitiert denn auch eine Umfrage von Forsa und dem Deutschen Institut für Urbanistik, nach der sich 49 Prozent der Kommunen positiv über Ideenwettbewerbe mit Bürgerbeteiligung äußern – aber nur sieben Prozent der befragten Bürger. Ich vermute, dass es sich mit der Bürgerbeteiligung zu Parteiprogrammen ganz ähnlich verhält. Und der Verdacht, in Wirklichkeit nicht beteiligt, sondern nur beschäftigt zu werden, ist leider bestens geeignet, um das Vertrauen in die Demokratie und die eigene Wirksamkeit zu untergraben.

Künstliche Kampagnen

Die SPD ist dazu da, sich um Gemeinwohl- und Einzelinteressen zu kümmern, die es tatsächlich gibt. Wenn sie als Partei funktioniert, weiß sie, welche das sind. Wenn nicht, kann sie Demoskopen befragen. Überhaupt nicht sinnvoll sind Retortenkampagnen wie jene »Aktionswoche«, die die SPD 2015 ihren Mitgliedern andiente. »Die SPD ist vor Ort verankert, hört zu und packt an, um das alltägliche Leben der Bürgerinnen und Bürger besser zu machen«, hieß es im Begleitschreiben: »Die

SPD ist Kümmerer-Partei, in der Nachbarschaft, im Land und im Bund. So verstehen wir unseren Auftrag als Partei in einer Demokratie.«

Die Kümmerer-Aktionswoche kommt als Paket von Agentur-materialien samt einem »Kampagnenplaner« daher. Sie fragt die Genossen vor Ort: Welches strategische Ziel wollen wir errei-chen? Wie können wir unser strategisches Ziel konkretisieren? Welche gesellschaftlichen Gruppen müssen wir ansprechen, um unser Ziel zu erreichen? Welche Diskussionen werden in unserer Zielgruppe gerade geführt? Welches Thema wollen wir angehen und was fordern wir? Ist unsere aufgestellte Forderung in unse-rer Zielgruppe mehrheitsfähig? Was ist unsere zentrale Kampa-gnenbotschaft?

Und etwas weiter unten in einem vor Grammatik- und Zei-chensetzungsfehlern so sehr strotzenden Text, dass einen der Ver-dacht auf Kinderarbeit beschleicht, heißt es: »Unser Grundanlie-gen bei der Kampagne ist es, mit (sic) den Menschen in unserer Nachbarschaft auf Augenhöhe zu begegnen, mit ihnen zu kom-munizieren und Sie (sic) für die gemeinsame Entwicklung von politischen Ansätzen und Lösungen zu gewinnen. Um dies zu erreichen, ist es wichtig, zunächst einmal zu erkunden, wer über-haupt in unserer Nachbarschaft lebt und was die Menschen dort umtreibt.«

Und im Folgenden: »Am Ende des Kampagnenplans (sic) haben die Akteure konkrete Ziele entwickelt und Zielgruppen definiert, Instrumente und Themen auf ihre Ziele und Zielgrup-pen angepasst, einen Aktions- und Ablaufplan erstellt, überlegt, wie mehr Freiwillige zu gewinnen sind, Meilensteine festgelegt und einen Budgetplan erstellt. Für alle diese Stufen sind im Plan Vorlagen enthalten. Diese müssen nur ausgefüllt werden.«

Auweia. Erstens: Authentisch ist hier gar nichts. Das ist nun wirklich Kochen ohne Zutaten. Das ist die Kampagnen-Kampagne schlechthin. Inhalte sind vollkommen egal: Sucht Euch halt irgendetwas aus, vielleicht fehlt ein Zebrastreifen, vielleicht räumen die Hundebesitzer nie den Hundekot weg, vielleicht saufen Jugendliche regelmäßig auf dem Kinderspielplatz. Und jetzt schön Meilensteine festlegen! Und den Budgetplan nicht vergessen! Hier wird nicht ein geteiltes Interesse vertreten. Hier finden sich keine mündigen Menschen zusammen, um etwas durchzusetzen oder zu verändern.

Hier wird Jagd auf ein Problem gemacht, irgendein Problem, das man sich zu eigen machen kann, um Aktivitäten vorzuweisen. Das ist Ersatzpolitik pur. Das ist die Veralberung von politischer Partizipation. Und zeigt, welch instrumentelles Verhältnis die Apparat-SPD zu ihren sogenannten Zielgruppen hat – sie sollen glauben, dass die Partei sich *kümmert*, und dafür ihre Stimme hergeben. Das ist das Gegenteil von Aufklärung.

Gerade in der Flüchtlingskrise hat sich gezeigt, dass Engagement genau umgekehrt funktioniert: Zigtausende von Bürgern, darunter auch viele Sozialdemokraten, haben Unterstützungsinitiativen gegründet, Sprachunterricht gegeben, Behördengänge begleitet, Kleidung verteilt. Wenn es ein Problem gibt, dann packen freundliche Menschen an, und wenn Parteien dann mit ihrer Organisations- und Kommunikationsstruktur helfen können, ist das eine gute Sache.

Bitte das Publikum für zurechnungsfähig halten!

Ein Beispiel für einen klugen SPD-Text hat Hamburgs Erster Bürgermeister Olaf Scholz mit einem Strategiepapier zum Umgang mit der AfD geliefert. Es trägt den Titel »Die Partei der schlechten Laune«, und schon das war im Herbst 2016 witzig, weil man diese Zeile ohne größere geistige Verrenkungen auch auf die SPD selbst beziehen konnte. Scholz schlug darin (kommunikative) Regeln vor, die Sozialdemokraten (und allen anderen Interessierten) helfen können, sich erfolgreich mit rechtspopulistischen Argumentationen – die häufig eher Gefühle als Tatsachen ausdrücken – auseinanderzusetzen. Er tat das in einem erfreulich nüchternen Ton, und man gewinnt bei der Lektüre den Eindruck, dass der Autor ein realistisches Bild von der pluralistischen Gesellschaft hat. »Wir sollten die AfD nicht dämonisieren«, schreibt Scholz: »Solange die AfD ›nur‹ rechtspopulistisch ist, sollten wir sie nicht als Nazis bezeichnen. Das macht uns unglaubwürdig. Das sollte uns nicht davon abhalten, offen rechtsextreme Positionen oder Personen in der AfD klar anzuprangern. Rechtspopulistische Gruppierungen tendieren dazu, auch Extremisten anzuziehen, was schon häufig genug dazu geführt hat, dass der Führung am Ende die Kontrolle entglitt – und die Partei implodierte. Noch scheint dies aber nicht der Fall, deshalb sollten wir auch nicht den Eindruck erwecken und sie auf diese Weise zum Märtyrer machen.«

Sodann widmet sich Scholz einer Tendenz zur Einseitigkeit, mit der die SPD, die sich als Fortschrittspartei begreift, immer zu kämpfen hat: Sie kann sich nur schwer vorstellen, dass viele Menschen gesellschaftlichen Wandel auch als bedrohlich und schmerzlich empfinden. Sie ist häufig so sehr damit beschäftigt, für »fortschrittliche« Familienpolitik, für Alleinerziehende, für Transgender-Rechte zu streiten, dass sie zu vergessen scheint, womit ein großer Teil der Menschen im Alltag ringt.

Scholz weist auf diesen blinden Fleck hin: »Die Sozialdemokratie steht für den Fortschritt und hadert, anders als die Neue Rechte, nicht mit der modernen Lebensweise. Die Liberalität betrifft Familie, Geschlechterverhältnisse, Religion, Sexualität, Bildung und den Sozialstaat. Man kann sein Leben so gestalten, wie man es selbst möchte. Die meisten gestalten es übrigens ganz traditionell. Die klassische Ehe ist unverändert die bevorzugte Form der Partnerschaft. Das wird die AfD nicht davon abhalten, die Existenz von Kitas oder Ganztagsschulen als Angriff auf eine ›richtige‹ Lebensweise zu geißeln. Übrigens müssen wir gerade deshalb darauf beharren, dass es um Chancen geht, nicht um Vorgaben. Wir haben nichts gegen traditionelle Lebenskonzepte. Sonst stoßen wir jene vor den Kopf, die traditionell leben, aber nichts gegen Optionen für andere haben. Andernfalls fühlen sie sich ebenfalls in Frage gestellt – und werden empfänglich für die Propaganda rechter Populisten.«

Und weiter schreibt er einen seiner Lieblingssätze: »Wir sind liberal, aber nicht doof. Deshalb haben wir auch etwas einzuwenden gegen den laxen Umgang mit Rechtsbrechern. Wir dürfen dieses von Rechten und Konservativen sorgsam gepflegte Vorurteil nie bedienen.« Scholz' Plädoyer läuft letztlich darauf hinaus, den Rechtspopulisten ruhig, höflich, aber kompromisslos entgegenzutreten – und Probleme nicht zu leugnen. Diese Strategie scheint erfolgreicher als die beschwörende Warnung vor den »rechten Rattenfängern«, die die in dieser Hinsicht Auffälligen eher noch mehr zusammenschweißt. Für solche Klarheit muss man allerdings faktenfest sein und vermitteln, dass man Alltagswirklichkeit gut kennt. Beispiele sind wichtig.

Kommunikation im postfaktischen Zeitalter

Das alles sagt sich natürlich leicht, ist aber in einer Praxis, in der immer mehr sonst eigentlich vernünftige, gebildete Leute absurden Verschwörungstheorien anhängen, alles andere als leicht. Neulich fragte ein bekannter Publizist und Wissenschaftler in einem Berliner Restaurant mit gesenkter Stimme, ob es tatsächlich wahr sei, dass Angela Merkel 2015 alle Chefredakteure ver-

sammelt und ihnen eine Linie in der Flüchtlingspolitik vorge-
geben habe.

Vermutlich stimmt die Antwort, die der Chefredeakteur eines
Wirtschaftsmagazins auf die gleiche Frage gab: Dass es tatsächlich schon für jeden Ressortleiter ein Ding der Unmöglichkeit
sei, seine Redakteure »auf Linie« zu bringen.

Wenn Medien in ihrer Berichterstattung häufig homogen
erscheinen, dann liegt das zum einen an Auflagenpanik und
Herdentrieb, zum anderen an einer gewissen Sozialauswahl
und Sozialisation der Redakteure. Über diesen aus freien Stü-
cken entstehenden Gleichklang müssten die Medien dringend
nachdenken, aber zentral gesteuert sind sie nicht, weder von der
Kanzlerin noch von der CIA.

Trotzdem sind Werke wie das total bizarre Buch des verstor-
benen Journalisten-Rebellen Udo Ulfkotte heutzutage Bestsel-
ler. Kostprobe: »LSD? Crack? Stechapfeltee? Kokain? Chrystal
Meth? Angesichts der Berichterstattung unserer Qualitätsme-
dien fragt man sich immer öfter, welche Drogen in Redaktionen
konsumiert werden. Ganz dicht scheinen die dort nicht mehr zu
sein. Was rühren die nur morgens in ihr Müsli?« In diesem Duk-
tus geht es weiter, 320 Seiten lang. Man wundert sich nach der
Lektüre nicht mehr, woher Verschwörungstheorien und Presse-
hass kommen.

Fake-News-Seiten im Internet verbreiten erfundene Meldun-
gen, die jeweils ihre Klientel bedienen – offenbar ein lohnendes
Geschäftsmodell. Und die Nutzer solcher Seiten wollen glauben,
was sie da lesen; vielleicht überwältigt sie auch die technisch perfekte Anmutung der Darbietung, während sie einem Nachbarn
am Gartenzaun für die gleiche Geschichte einen Vogel gezeigt
hätten.

Der britische *Economist* hat seit der epidemischen Ausbrei-
tung von Gerüchten und Verschwörungstheorien ein neues Zeit-

alter der *post-truth politics* ausgemacht. Man könnte auch von einem verhängnisvollen Faktenpluralismus sprechen, einer degenerierten Form des Meinungspluralismus: Wir gestehen einander nicht nur das Recht zu, zu Dingen sehr unterschiedliche Auffassungen zu haben, sondern wir können uns nicht einmal mehr darauf einigen, ob es die Dinge gibt oder nicht. Vielleicht ist das eine vulgarisierte Langzeitfolge der postmodernen Sprachtheorie, nach der »Bedeutung« ja immer nur ein intersubjektives Konstrukt ist.

Olaf Scholz hat das Kommunikationsproblem, das vernünftig argumentierenden Parteien aus diesem Trend entsteht, so beschrieben: »Die Verschwörungstheorien der Neuen Rechten und ihr Frust über den Lauf der Dinge lassen sich nicht leicht entkräften, weil sie ja kaum auf realistischen Vorstellungen beruhen. Man sollte sie eher als geschlossene Glaubenssysteme begreifen. Dagegen kommt man nur an mit Wahrheit und Klarheit. Deshalb sollten wir uns der ursozialdemokratischen Tradition besinnen: Sagen, was ist. Die Welt ist kompliziert und wir sollten laut aussprechen, was wir bislang häufig nur mitdenken. Sonst leidet die eigene Glaubwürdigkeit.«

Der Zwang zum präziseren, aber auch offeneren Sprechen kann auf kurze Sicht Medienpunkte kosten (»zeigt Ratlosigkeit«, »zweifelt«, »bleibt die Antwort schuldig«), aber auf lange Sicht ist dies der einzige Weg, um eine rationale zwischenmenschliche Verständigung – und damit die Demokratie – aufrechtzuerhalten. Manche Sichtweisen mögen wahr und falsch zugleich sein. Tatsachen sind es nicht.

Die Zukunft der Sprache

Die dystopische Literatur hält gleich mehrere Risikoszenarien bereit, die sich mit der Entwicklung der Kommunikation beschäftigen. So gibt es zum Beispiel eine Kurzgeschichte *(The Machine Stops)* des britischen Autors E. M. Forster, in der er im Jahre 1909 (!) eine geradezu unheimlich präzise Vision des Internetzeitalters ausmalt, soziale Folgen inklusive. Autorinnen wie die Kanadierin Margaret Atwood befassen sich ausgiebig mit menschheitsbedrohenden Problemen wie Pandemien – Entwicklungen, denen die deutsche Versicherungswirtschaft in ihren Risikoanalysen hohe Wahrscheinlichkeit zumisst.

Die Politik sollte das ebenfalls tun. Sprache und Verständigung spielen in erstaunlich vielen Zukunftsromanen eine Rolle, und eigentlich immer gilt: Wenn die Sprache bedroht ist, sind auch Freiheit und Menschlichkeit bedroht. In George Orwells totalitarismuskritischem Roman *1984* hat die Regierung die Macht, Begriffe in ihr Gegenteil zu verkehren – und damit letztlich auch Macht darüber, was die Menschen denken können. In Aldous Huxleys Roman *Schöne Neue Welt* verschleiern Werbe- und PR-Begriffe die Tatsachen von Leben, Sterben und Ausbeutung.

In dem bewegenden, mit Tom Hanks verfilmten Roman *Cloud Atlas* von David Mitchell geht es in Szenarien, die sich über viele Jahrhunderte erstrecken, in stets anderer Form um Gerechtigkeit und Freiheit. Als am Ende, nach einer Phase des ungeregelten Hyperkapitalismus, der auch Menschen als Produkte betrachtet, die Welt in Trümmern liegt und die wenigen Überlebenden ein primitivstes Stammesleben führen, ist auch die Sprache kaputt: Es gibt keine Grammatik mehr, keine abstrakten Begriffe, nichts, womit man beschreiben könnte, was man nicht vor Augen hat.

Das wohl gruseligste Szenario über den Zerfall von Logik, Sprache und den grundlegendsten Kenntnissen über die eigene

Kultur und Geschichte spielt gar nicht in der Zukunft, sondern in der Gegenwart. Entworfen hat es der Amerikaner Dave Eggers in seinem Roman *Eure Väter, wo sind sie? Und die Propheten, leben sie ewig?* Thomas, die reichlich widerwärtige Hauptfigur, ist geradezu die Verkörperung von *post-truth politics*. Sein Leben ist die Vorbereitung auf einen Amoklauf. Seine gesamte Weltwahrnehmung setzt sich zusammen aus Gerüchten, Verschwörungstheorien, falsch erinnerten Zitaten, halb- oder viertelverstandenen historischen Versatzstücken und aberwitzigen politischen Meinungen. Sein sprachliches Ausdrucksvermögen entspricht dem eines schlecht gebildeten, wenig erzogenen 13-Jährigen – aber er ist erwachsen. Und er entführt sechs Menschen, darunter einen ehemaligen Kongressabgeordneten, weil er sich von der Gesellschaft betrogen fühlt, weil er die Welt nicht versteht, weil er das Gefühl hat, dass andere die Regeln machen. Dass seine Stimme nicht zählt, aber zählen sollte, was immer er auch redet. Dass die Gesellschaft ihm eine Aufgabe und Anerkennung schuldet. Was für eine Aufgabe? Egal. Einen Krieg vielleicht, oder den Bau eines Staudammes. Von seinen Gefangenen verlangt er nun Antworten – und man erlebt, wie diese Menschen, deren Leben in Gefahr ist, schier verzweifeln, weil sie gar nicht wissen, wo sie anfangen sollen, seine Fehlwahrnehmungen und Wahnsinnstheorien zu widerlegen. Es ist viel leichter, jemandem die Welt zu erklären, der gar nichts weiß, als jemandem, der sich ein wahnhaftes Weltbild zurechtgezimmert hat.

Im Roman ist tatsächlich der ehemalige Politiker am erfolgreichsten darin, Thomas zumindest vorübergehend daran zweifeln zu lassen, ob wirklich alles, was er denkt, richtig ist. Das gelingt, weil der Kongressabgeordnete faktensicher ist – und weil er als alter, kranker Mann keine große Angst mehr vor dem Sterben hat. Er redet also brutalen Klartext und schont die Gefühle seines Gegenübers nicht: Paradoxerweise ist das genau die Art von autoritärer Ansprache, die der Verwirrte sich zu wünschen scheint.

Jeder, der schon einmal politisch argumentieren musste, kennt mittlerweile Situationen, in denen man Thomas-artige Überzeugungen mühsam auseinandersortieren muss. Das bedeutet: unendlich viel Anstrengung und Mühe, damit man in der eigenen Argumentation die nötige Klarheit erreicht. Und dann Mut.

Im Roman ist man als Leser ziemlich zufrieden, dass die Hauptfigur am Ende von Soldaten erschossen wird. Aber jeder ahnt, dass das im wirklichen Leben nicht die Lösung sein kann. Und so muss auch die SPD eine Strategie dafür entwickeln, wie sie in Zeiten der Verschwörungstheorien und der postfaktischen Weltsicht überzeugend argumentieren kann. Olaf Scholz' Stilratgeber ist dafür ein guter Anfang.

7

Im Auftrag ihrer Zielgruppen

Live! Wir befinden uns in der Bundeszentrale der Sozialdemokraten, im Berliner Willy-Brandt-Haus: »Gerechtigkeitskongress« der SPD im Frühjahr 2016. Die Moderatorin kann gar nicht genug betonen, dass nachher noch die Professoren und Soziologen zu Wort kommen. Schließlich soll hier ja auch ein bisschen was Intelligentes geredet werden! Doch zunächst steht ein Programmpunkt von großer Exotik an: Der Noch-Parteivorsitzende Sigmar Gabriel unterhält sich mit einer Putzfrau! Und die Putzfrau weist ihn, nach fast einhelliger veröffentlichter Meinung der anwesenden Journalisten und unter großem Jubel des Publikums, »zurecht«, sie »düpiert« ihn, sie »bringt ihn in die Bedrängnis«, sie »führt ihn vor«, sie »fühlt ihm auf den Zahn«, sie »liest ihm die Leviten«. Der Videomitschnitt des Gesprächs wurde ein Hit in den sozialen Medien.

An dem Austausch, in dem die Reinigungskraft Susanne »Susi« Neumann im Wesentlichen die Rücknahme der Agenda 2010 fordert und Sigmar Gabriel die Kompromisse erläutert, auf die sich die Große Koalition einigen konnte, werden verschiedene Dinge deutlich. Zum Beispiel, dass Journalisten Inszenierungen doch relativ oft nicht erkennen. Sigmar Gabriel braucht natürlich keine tapfere Putzfrau, die ihr Herz auf der Zunge trägt und den großen Vorsitzenden darüber aufklärt, wie die Arbeitssituation in deregulierten Branchen und schlecht bezahlten Jobs aussieht. Das weiß er selbst, von tausendundeinem Betriebsbesuch. Auch kann ihm die grundsätzliche Kritik an der Agenda 2010 nicht fremd sein – argumentiert Neumann doch auf der Linie der Dienstleistungsgewerkschaft ver.di, deren Funktionärin sie ist. Und auf der Linie der SPD-Linken. Die Inszenierung soll zeigen: Gabriel scheut nicht das Gespräch mit der Basis, nicht das Gespräch mit dem »kleinen Mann« oder dem »einfachen Volk« – je nachdem, welches herablassende Klischee man gerade bedienen will. Tatsächlich aber präsentiert hier eine artikulierte, kabarettistisch begabte Interessenvertreterin die Position der Gewerkschaftsopposition: lieber raus aus der Großen Koalition, im Zweifel lieber parlamentarische Opposition, wenn möglich eine Koalition Rot-Rot-Grün, Mehrheiten links der Mitte suchen. Dass die rot-rot-grüne Koalitionsoption für potenzielle SPD-Wähler eher ein Schreckgespenst ist, zeigte sich allerdings bei der Landtagswahl im Saarland, in der sich der SPD-Abstand auf die CDU von fünf auf elf Prozentpunkte vergrößerte. Die Rot-Rot-Grün-Ablehnung überlagerte den Schulz-Effekt.

Auch Sigmar Gabriel hätte sich 2016 eine solche Inszenierung nicht aufzwingen lassen müssen. Aber er war entweder zu unaufmerksam oder zu unentschlossen, um sich gegen ihre merkwürdige Botschaft zu wehren. Merkwürdig insofern, als die Szene ein problematisches und mehrfach widersprüchliches Bild der SPD von ihrer Klientel offenbart. Neumann nimmt für sich in Anspruch, für »die kleinen Leute, die kleinen Arbeiter« zu sprechen. Aber Partei- und Gewerkschaftsfunktionäre halten sich selbst in aller Regel eigentlich nicht für »klein« – schließlich haben sie einen Weg gefunden, wirksam zu sein, sich zu engagieren, ihre eigenen Interessen zu vertreten, etwas für andere zu tun und währenddessen das eine oder andere zu lernen, das nichts mit ihrer Arbeit als Gebäudereinigerin, Dachdecker oder Krankenschwester zu tun hat – um hier einmal mehr die drei in der SPD-Rhetorik besonders beliebten Zielgruppenavatare zu nennen. Neumanns Haltung ist eine Pose.

Dass bei der Rede von den »kleinen Leuten« immer zur Sicherheit das Herablassungsradar anspringen sollte, illustriert Susanne Neumann auch sehr schön selbst. Als Gabriel sie auf den schwer aufzulösenden Widerspruch zwischen Kompromissen in der Großen Koalition, die immerhin gewisse soziale Erleichterungen bringen, und *keinerlei* Erleichterungen aus der Opposition heraus hinweist (»Soll ich denn alles beschissen lassen in der Hoffnung, die Leute wählen dann SPD?«), duckt sie sich unter dem Dilemma weg, indem sie sagt: »Wenn 'ne Reinigungskraft dir das saaen könnte, wie du datt hinkriegst …« Gejohle im Publikum. Also, ist es jetzt doch ein schwieriges Problem? Oder findet auch sie insgeheim, dass Reinigungskräfte, also jedenfalls Reinigungskräfte ohne politische Funktion, zu doof für Politik sind? Findet die SPD das auch?

Anti-Akademiker-Rhetorik

Inzwischen muss man sich keine so großen Sorgen mehr darum machen, ob Sigmar Gabriel wirklich alles so ernst meint, wie er es gerade äußert. Jetzt blicken Textexegeten auf Martin Schulz. Doch auch der befleißigt sich einer in meine Augen problematischen Rhetorik: Von den »kleinen Leuten« ist bei ihm fast so oft wie bei Gabriel die Rede. Diese Sichtweise ist keine Eigenheit von SPD-Vorsitzenden, sie ist eine Macke der ganzen Partei.

Im Putzfrauentalk sagt Gabriel zum Beispiel: »Ich halte die SPD in Teilen für zu akademisiert«, oder »Die SPD ist nicht groß geworden, indem ein paar Akademiker oben sagen, wie's geht«. Er beklagt, dass in den Gemeindeparlamenten viel zu wenig Angehörige der »aktiven Berufsgeneration« säßen – »außer« Akademikern.

Dazu ist einiges zu bemerken. Der Akademiker Gabriel (der,

wie er in diesen aufgezeichneten 17:08 Minuten ebenfalls erzählt, auch nicht mehr in dem Stadtteil lebt, in dem er geboren wurde) hofft offenbar, sich mit seinen Akademikerbemerkungen den »kleinen Leuten« angenehm machen zu können. Dabei verrät er so ziemlich jedes Aufstiegsversprechen, dass die SPD je gegeben hat; viele der vermeintlich »kleinen Leute« hoffen ja tatsächlich, dass auch ihre Kinder studieren können, spätestens, seit die SPD mit ihrem Beharren auf einer Erhöhung der Studierendenquote das Ziel ausgegeben hat, dass auch die letzte katholische Arbeitertochter vom Lande eine Hochschule besucht. Und außer ihr auch solche, die es eigentlich hassen, Bücher zu lesen, und die als Schreiner, Landschaftsgärtnerinnen, Unteroffiziere oder Verkäuferinnen im Einzelhandel, die mittlerweile dringend als Fachkräfte gesucht werden, vermutlich ziemlich glücklich wären, wenn nur nicht all diese Berufe (wie auch die Haupt- und Realschulabschlüsse) in den vergangenen Jahrzehnten so drastisch entwertet worden wären.

Der Erfolg der Ranschmeiße ist also fraglich. Und die tatsächlich Deklassierten, die Abgehängten, Ungebildeten, Antriebslosen, Verzweifelten: Sie wählen nicht SPD, sie wählen gar nicht. Die einzige Partei, die in der jüngsten Vergangenheit Nichtwähler in nennenswertem Umfang mobilisieren konnte, war die AfD. Mit Schulz mag sich das ändern. Aber auch er pflegt den antielitären Affekt, darin nicht komplett unähnlich dem angelsächsischen Populismus. Der Milliardär Donald Trump und der Eton- und Oxford-Absolvent Boris Johnson: Das gemeinsame Herzstück ihrer Anti-Ideologie ist die Elitenfeindlichkeit, und diese zielt mehr auf die intellektuelle als auf die Geldelite. Die Bewegung der Identitären in Österreich bekundet sogar besonderе Verachtung für die akademischen Aufsteiger aus einfachen Verhältnissen. Auch in Deutschland strotzen Pegida- und AfD-gefärbte Netzkommentare, Leserbriefe und öffentliche Ansprachen vor Feindseligkeiten gegen »abgehobene« Akademiker. Es scheint, als sei nach »den« Politikern, »den« Alt- oder System-parteien und der vor noch nicht so langer Zeit erst in Ungnade gefallenen »Lügenpresse« nun die Zeit gekommen, gegen Gebil-dete im Allgemeinen zu hetzen.

Die SPD war einmal stolz auf ihre Nähe zu Künstlern, Intel-lektuellen und Wissenschaftlern. Günter Grass schrieb ja nun wahrhaftig keine Romane und Gedichte für den Trivialkonsum. Aber dass er für die Partei warb, nahmen die Genossen ganz gern mit – bis zum endgültigen Bruch 1993 (Anlass war der damalige Asylkompromiss). Nach dem bald wieder zurückgetretenen Par-teivorsitzenden Björn Engholm war es nur noch der *Zeit*-Her-ausgeber und Staatsminister für Kultur, Michael Naumann, dem man glaubte, sich ernsthaft für die intellektuelle Sphäre, für Kunst und Literatur zu interessieren. Martin Schulz ist immerhin, wie Johannes Rau, Buchhändler – kein schlechter Beruf für einen sozi-aldemokratischen Anführer. Und zum Standardrepertoire seiner Porträts und Interviews gehört auch immer die Erwähnung des aktuell von ihm gelesenen Buches. Das macht Hoffnung – wenn er nun nicht im Gegenzug das Autodidaktische überbetont.

Die Partei der Belesenen, der Intellektuellen, der Künst-ler und Wissenschaftler ist die SPD in den vergangenen Jahren immer weniger gewesen. Ihr haftet etwas eigenartig Technokra-tisches, Sozialingenieursartiges an. Bei vielen SPD-Spitzenleuten kann man sich eher eine Drucksache auf dem Nachttisch vorstel-len als ein Feuilleton. Dazu passt auch folgende Beobachtung: Warum haben praktisch keine Sozialdemokraten den »Heidel-berger Appell« zum Schutz des Urheberrechts unterzeichnet? Jenes Rechts, das die Existenzgrundlage von Musikern, Auto-ren und Wissenschaftlern schützt? Weil man lieber den Idioten hinterherlaufen wollte, die kostenlose Downloads für ein Men-schenrecht halten?

Weite Teile der Netzgemeinde sind anti-intellektuell. Und zwar nicht nur diejenigen, die, geschützt von einem absolut nicht nachvollziehbaren Menschenrecht auf Anonymität im Internet, unter Decknamen wie »Hasskappe« oder »WutBürger24« hemmungslos herumpöbeln wollen. Sondern auch die, die Bücher, Filme, Musik oder wissenschaftliche Veröffentlichungen für eine Art eitle Selbstverwirklichung ihrer Schöpfer halten und die Produktionsbedingungen der Kreativen nicht im Ansatz verstehen. Das sind gewiss nicht die richtigen Verbündeten für die Sozialdemokratie. Und SPD wählen sie vermutlich auch nicht. Es könnte also eine sehr innovative, geheimnisvolle Strategie sein, zur Abwechslung einmal wieder auf echte Bildung, tatsächliche Kenntnisse, wertvolle formale Qualifikationen, auf die Herausbildung ästhetischer und historischer Maßstäbe zu setzen. Das Schöne am gegenwärtigen Zustand der SPD: Sie könnte das riskieren. Aber vielleicht verprellt das die neuen Fans des Antielitären?

Doch was sagen eigentlich »kleine Leute«, von denen in der Partei so viel die Rede ist? Wie sehen sie sich selbst? Ich habe mich mit einer Friseurin, einer Altenpflegerin, einer Krankenschwester, einer Lidl-Verkäuferin, einem Security-Mitarbeiter und einem Dachdecker getroffen. Ausgewählt habe ich diese Menschen komplett zufällig, und natürlich ist diese Mini-Erhebung nicht repräsentativ. Herausgekommen sind dabei aber sechs kurze Porträts, aus denen man schon das eine oder andere lernen kann. Hier die Quintessenz vorab: Als Opfer fühlt sich keiner von diesen sechs Menschen. Bevormundet werden möchte auch keiner. Das Wort »kleine Leute« fiel in keinem der Gespräche.

Tatiana, Friseurmeisterin

Tatiana (alle Namen geändert) ist 33 Jahre alt und arbeitet als angestellte Friseurmeisterin in München. Sie ist eine schlanke Frau mit langen dunklen Haaren, und sie trägt am liebsten Schwarz. Was gut passt, weil der ausgesprochen coole Salon, in dem sie arbeitet, einem strikt schwarz-weißen Farbmuster folgt. Termine müssen die Kunden Wochen im Voraus buchen. Die Preise sind unisex – und saftig.

»Schule habe ich gehasst«, sagt Tatiana. Trotzdem machte sie einen passablen Realschulabschluss, aber dann sollte etwas Praktisches kommen, etwas Kreatives. »Eigentlich wollte ich Maskenbildnerin am Theater werden«, sagt sie, »aber weil das kein richtiger Ausbildungsberuf ist, hat mein Vater sich quergestellt.« Also entschied Tatiana sich für eine Ausbildung zur Friseurin, in der Überzeugung, das könne ja auch für die Maskenbildnerei nicht schädlich sein. »Mein erster Chef war ein Glücksfall«, sagt sie: »Er war ein absoluter Vidal-Sassoon-Fan.« Sassoon gilt als Begründer der modernen Haarschneidekunst. Und Tatianas Lehrer aus dem Sauerland verstand es, seine Auszubildenden für neue Techniken zu begeistern. »Seine Schnitte sahen ganz anders aus als das, was ich aus Feld-Wald-und-Wiesen-Salons kannte«, sagt Tatiana: »toll, einfallsreich, außergewöhnlich.« Sie strengte sich an, und sie hatte Talent. Und sie bekam tatsächlich einen der begehrten Ausbildungsplätze bei Sassoon in London.

Für ihren Start dort seien erst einmal alle Ersparnisse draufgegangen, so Tatiana. »Und im ersten halben Jahr verdient man nur 900 Pfund im Monat«, sagt sie: »Davon gingen 550 Pfund im Monat für eine Wohnung drauf, die man auch gut als Dienstbotenkammer in einem Horrorfilm hätte einsetzen können. Und 130 Pfund für das U-Bahn-Ticket. Du kannst dir also leicht ausrechnen, was für Essen und alles andere übrig blieb.«

Nach dem Probejahr hatten die Kandidaten noch zwei aufwendige Präsentationen abzuliefern. Tatiana bestand und arbeitete die zwei vereinbarten Pflichtjahre mit großer Begeisterung – »wir waren ein tolles Team, alle aus verschiedenen Ländern, alle leidenschaftlich, alle hatten sich das so sehr gewünscht.« Doch als ihre Arbeitgeber ihr die Möglichkeit anboten, sich zum Art-Director fortbilden zu lassen, zog Tatiana Bilanz und stellte fest: London war ihr zu laut, zu schnell, zu teuer; die Luft war schlecht, die Wege lang, sie stand unter Dauerstress und Dauerdruck. Für Freunde und Freizeit blieb keine Zeit. Sie ging nach München.

Was sie nervt? »Manchmal gucken mich neue Bekannte mitleidig an. Als ob sie denken: »Friseuse? Nicht studiert? Also doof.« Die ambitionierte junge Frau ist alles andere als doof. Sie liest sehr viel, besucht Ausstellungen, verbringt ihre Mittagspause im Theatercafé, spricht fließend Englisch. Der Trend zur Akademisierung der ganzen Gesellschaft ärgert sie: »Überall heißt es, noch mehr Leute sollen studieren. Dabei gibt es wundervolle Handwerksberufe, und ich wette, viele Menschen wären dort glücklicher als an der Uni.«

Ich bin überzeugt davon, dass wir uns Tatiana als zufriedene Frau vorstellen dürfen. Nicht jeder Friseur wird ihr Talent haben oder ihr Glück. Aber Talent und Glück wären nichts ohne Ausdauer und Anstrengung. Und sie wären nichts ohne ein Ziel. Politik spielt in Tatianas Leben keine große Rolle. Mit welcher Erzählung würde die SPD auf jemanden wie sie zugehen? Dass zu viele Friseure nur Mindestlohn verdienen? So kann man die Sache natürlich auch sehen.

Irina, in der Ausbildung zur Pflegefachkraft

Irinas Familie kam aus Polen nach Deutschland, sie selbst wurde 1995 in Berlin-Kreuzberg geboren. Als sie vier Jahre alt war, trennten sich die Eltern; bis sie 15 war, lebte sie bei ihrer Mutter, dann beim Vater. Heute macht sie eine Ausbildung zur Pflegefachkraft – mit Wochenenddiensten – und arbeitet auf einer 400-Euro-Stelle in einem Privathaushalt mit drei Schulkindern. Im Monat hat sie rund 750 Euro zur Verfügung.

»Ich habe den erweiterten Hauptschulabschluss«, sagt Irina: »Aber ich hätte bessere Noten haben können. Und ich hätte auch eine bessere Schule schaffen können.« Seit ihrem 15. Lebensjahr habe sie immer gejobbt, so Irina: »Andere Mädels hatten vielleicht 100 Euro Taschengeld im Monat. Ich wohnte zu Hause, hatte keine Kosten, aber 600 bis 700 Euro zum Ausgeben. Im Monat! Ich konnte mir teure Markenklamotten leisten. Das war mir auch total wichtig. Schule war mir leider nicht so wichtig. Und meine Eltern haben mich leider auch nicht gezwungen.«

In der Altenpflegeschule lernt sie: Medikamentenkunde, das Erkennen von Krankheitsbildern, Wundmanagement, das Setzen von Spritzen. »Aber die Theorie ist gar nicht so leicht in die Praxis umzusetzen«, sagt Irina. Nach einer Einarbeitungszeit von drei Monaten betreue sie selbständig Patienten. »Am Anfang war es besonders hart«, erzählt sie: »Ich habe vor allem nicht verstanden, warum manche alte Menschen so unglaublich gemein und gehässig zu mir waren.« Auf Altersdepression, Schizophrenie und Demenz habe sie niemand vorbereitet. »Und wir haben kaum Patienten, die einfach nur alt und nicht auch krank sind.« Oft sei sie nach einem Hausbesuch vor die Tür gestürzt und habe furchtbar geweint. »Damit umzugehen lernt man durch Erfahrung«, sagt sie: »Aber es wird immer ein Beruf sein, aus dem man viel mit nach Hause nimmt.« Im Spätdienst habe man 20 Minuten Zeit für Patienten, die sonst oft den ganzen Tag niemanden zum Reden hätten. Und in der Zeit müsse man Essen aufwärmen, Kompressionsverbände wechseln, den Patienten waschen, Rücken, Füße und Gesäß pflegen.

Nach ihrer Prüfung zur Pflegefachkraft will Irina zwei Jahre lang arbeiten, dann ihr Fachabitur machen. »Und dann werde ich Pflegemanagement studieren«, sagt sie. Der Wunsch, die eigene berufliche Situation zu verbessern, spielt dabei eine große Rolle – aber auch die Beobachtung, dass Pfusch und Fließbandarbeit in der Pflege an der Tagesordnung sind. »Das kann man schwer mit ansehen«, sagt Irina, »das muss doch besser gehen.«

Die Arbeitszeiten, berichtet sie, seien antisozial: Durch die häufigen Wochen- und Nachtdienste sei es sehr schwer, etwas mit Freunden zu unternehmen. Gewählt habe sie bisher noch nie, sagt Irina, obwohl ihre Dozentin sie dazu dränge. Und ihr Vater auch. Der rate zu den Sozialdemokraten. Die seien generell ganz gut für Arbeitnehmer. Irina selber neigt eher zu Angela Merkel. »Erstens war sie irgendwie immer da«, sagt sie: »Und zweitens finde ich es sehr gut, was sie für die Flüchtlinge getan hat. Man muss doch helfen! Aber ich habe in letzter Zeit sehr hässliche Artikel über sie gelesen.« In Berlin-Moabit, wo sie heute lebt, sah Irina jeden Tag die katastrophalen Zustände vor dem Landesamt für Gesundheit und Soziales (LaGeSo), vor dem die geflüchteten Menschen zur Registrierung Schlange standen, stunden-, tagelang. »Wir haben versucht, ein bisschen zu helfen, auf Gepäck aufzupassen und so«, erzählt sie: »Und ich kann nicht verstehen, wie sich Deutsche aufregen können und sagen: Die kriegen ja mehr als ich.«

Irina fährt in den Urlaub. Nach Polen, zu den Großeltern. Und nach Kroatien, mit einer Freundin, eine Woche lang. Das Geld hat sie sich zusammengespart. Was, genau, möchte die SPD ihr sagen? Dass sie zu den »kleinen Leuten« gehört? Oder dass es sehr großartig ist, was sie schon geschafft hat und noch schaffen kann – und dass eine Partei wie die SPD genau solche Leute wie sie sehr gern dabei hätte?

Bernd, Angestellter einer Sicherheitsfirma

Bernd ist sportlich, durchtrainiert, 40 Jahre alt. Er arbeitet bei einer privaten Sicherheitsfirma, die Villen im vornehmen Hamburger Stadtteil Blankenese bewacht. Früher war er Soldat, noch immer ist er Reservist: »Das war mir auch wichtig. Aber es ist gar nicht so leicht, einen Arbeitgeber zu finden, der die Wehrübungen toleriert.« Als er im Security-Gewerbe anfing, bekam Bernd fünf Euro und 25 Cent pro Stunde – brutto. Heute liegt der Tarif bei neun Euro – »und 95 Prozent meiner Kollegen kommen darüber auch nicht hinaus«, sagt Bernd. Er hat Glück: Sein Chef zahlt vernünftig, legt Wert auf die Zufriedenheit und Qualifikation der Mitarbeiter. »Das ist bei unserer Klientel aber auch wichtig«, sagt Bernd: »Das sind Vorstandsvorsitzende, Unternehmenserben, die sind schon gewisse Umgangsformen gewohnt und erwarten die auch.«

Früher sei die Stimmung auf dem Security-Arbeitsmarkt sehr angespannt gewesen, sagt Bernd: »Heute, mit den ganzen Flüchtlingsunterkünften, hat sich das geändert. Alle suchen händeringend nach Personal.« Das führe aber auch dazu, dass gerade kleine Firmen sich mit Aufträgen übernähmen: »Ich möchte kein Kriegsflüchtling sein«, sagt Bernd, »die Leute haben Fürchterliches gesehen, sind total traumatisiert, werden dann mit Leuten aus fünf, sechs anderen Nationen in eine Turnhalle gestopft und von Personal bewacht, dass noch nie was von Deeskalation gehört hat.«

Zu den Höhepunkten in Bernds Arbeitsalltag gehört es, wenn

er und sein Team vor der Polizei an einem Einbruchstatort eintreffen – und natürlich ganz besonders, wenn sie den Einbruch unterbrechen und verhindern können. »Unsere Kunden haben alle Alarmanlagen. Die sind bei uns direkt aufgeschaltet, und dann fahren wir sofort hin.« Security-Mitarbeiter müssen eine Sachkundigkeitsprüfung ablegen. Sie dürfen jenseits der Jedermanns-Rechte keine hoheitlichen Aufgaben übernehmen. Also: Sie dürfen einen flüchtigen Dieb festhalten, wie jeder andere auch. Aber ihn nicht verhaften.

»Die Angst in der Bevölkerung wird immer größer«, sagt Bernd: »Die Branche boomt, wir haben immer mehr Aufträge, immer mehr Kunden.« Bei seinem »Waffenfritzen«, sagt der Sportschütze, seien Reizgas und Schreckschusspistolen auf Monate hin ausverkauft: »Deutschland rüstet auf.« Dabei sei jegliche Art von Waffen in den Händen von Laien eine enorme Gefahr für den inneren Frieden. Fragt man ihn nach Politik, dann seufzt das ver.di-Mitglied Bernd. »Ist alles schwierig«, sagt er. »CDU kann ich irgendwie nicht wählen. Aber die SPD? Dieser ganze Mist mit Edathy und diesem Idioten, der sich Chrystal Meth selbst beim Dealer gekauft hat?« Über den Drogeneinkauf des Grünen-Bundestagsabgeordneten Volker Beck ist er auch nicht glücklich, »aber der hat sich wenigstens immer konsequent für die Rechte von Schwulen und Lesben eingesetzt.« Andererseits, Grüne: Er sei ja auch Autofahrer.

Ist es ein Problem, im Sicherheitsgewerbe offen schwul zu sein? »Viele sind schon politisch sehr rechts«, sagt Bernd, »einzelne Firmen sollte sich der Verfassungsschutz mal genauer ansehen. Die werben im Internet mit Slogans wie ›Wir packen hart zu‹ oder: ›Deutschland den Deutschen‹.« Aber, nein: Wegen seiner sexuellen Orientierung habe ihm noch keiner Stress gemacht.

Die SPD sagt unbestreitbar eine Menge zum Thema Mindestlohn und hat sich konsequent dafür eingesetzt. Was jedoch sagt sie zum Thema Angst? Was sagt sie zur Privatisierung von Sicherheit, und zwar nicht nur bei den Elbvillen-Besitzern, sondern bei all denen, die die deutschen Pfefferspray-Vorräte aufkaufen? Bisher hat sie dieses Thema nicht mit erhöhter Aufmerksamkeit behandelt, wenngleich nach dem Anschlag auf den Berliner Weihnachtsmarkt das Bewusstsein für seine Bedeutung gewachsen ist. Angst mag irrational sein, aber sie ist denen, die sie haben, nur sehr schwer auszureden.

Melanie, Verkäuferin

Melanie, 60, sitzt irgendwo in Hessen an der Kasse. »Meine Mutter hatte einen Kiosk«, sagt sie: »Mit hat es schon als Kind Spaß gemacht, mit Leuten zu tun zu haben. Und Kaufmannsladen zu spielen.« Sie jobbte, ungelernt, im Hotel, in Küchen, in einem Luxusaltersheim, aber der direkte Kontakt mit den Kunden fehlte ihr dabei. Dann wurde sie schwanger – »da war Jobben erst einmal erledigt« –, und als ihr Sohn in die Schule kam, erwog sie eine Ausbildung zur Floristin. »Der Beruf gefiel mir«, sagt sie: »Da hat man auch mit Menschen zu tun, außerdem ist es kreativ. Ich male auch, für mich ist Kreativität sehr wichtig.« Am Ende landete sie bei einem Discounter. Sie ließ sich in den Betriebsrat wählen – ohne Freistellung – und kämpfte, wenn sie das Gefühl hatte, schlecht behandelt zu werden. »Die Missstände im Einzelhandel sind schon extrem«, sagt sie: »Das ist ja körperlich enorm belastend, aber für die Gesundheit wird nichts getan.« In der Branche gebe es fast nur noch geringfügig Beschäftigte, befristete Verträge, die normale Besetzung vieler Filialen sei »eins zu eins«: »Das bedeutet: Einer an der Kasse, einer füllt die Regale auf.« Darunter leide selbstverständlich die Qualität der Arbeit, sagt Melanie: »Dann musst du schneller kassieren,

hast keine Zeit, mit den Kunden zu quatschen.« Aber gerade das
wäre es eigentlich, was nach Melanies Überzeugung den Job und
den Vorteil des analogen Handels ausmacht: die Kunden zu kennen und Zeit für sie zu haben. Auch von ihnen gemocht zu werden. »Und ich muss schon oft schlucken«, erzählt sie, »wenn die
alten Damen bei uns einkaufen. Und dann die Cent-Stücke zählen beim Bezahlen. Und dann sagen: Ich muss doch ein Stück
zurücklegen. Und dann von Eiern, Milch und einem Apfel den
Apfel zurücklegen.«

Ihr Engagement bei ver.di und im Betriebsrat habe ihr durchaus Probleme bereitet, sagt Melanie: »Am Anfang haben sie mich
mit Testkäufen und Ehrlichkeitstests schikaniert.« Sie wird – als
Alleinverdienerin, ihr Mann ist in Frührente und trägt zweimal die Woche Zeitungen aus – nur für 24 Stunden pro Woche
beschäftigt. Überstunden darf sie nicht machen. Viele Kollegen
haben sogar nur 10- oder 12-Stunden-Verträge. Davon kann niemand leben. Und immer droht das Fristende des aktuellen Ver-
trages.

»Klar muss es Teilzeit geben«, sagt Melanie. »Aber das kann
doch nicht die Regel werden.« Sie habe Frau Nahles auf einer
ver.di-Fachkonferenz erlebt, sagt sie: »Die hat uns total abgefer-
tigt. Hat sich drei abgesprochene Fragen stellen lassen und war
wieder weg. Dabei hätten wir vielleicht eine Menge zu sagen.«

SPD? Für sie nicht mehr. Die Enttäuschten, das hört sie oft
im Laden, »wählen lieber AfD«. Sie nicht. Sie wählt Linkspartei –
und fühlt sich dabei irgendwie heimatlos. Am Internationalen
Frauentag führt sie mit Kolleginnen in der Fußgängerzone ein
Theaterstück auf. Sie hat es selbst geschrieben. Es handelt von
den Arbeitsbedingungen im Einzelhandel. Der Spielort: vor der
örtlichen Filiale von Primark.

Für 24 Stunden Arbeit pro Woche erhält Melanie 1110 Euro
im Monat. »Wir haben eine süße kleine Wohnung«, sagt sie: »die

ist nicht sehr teuer. Trotzdem, ich sag immer: Wir proben schon mal für die Altersarmut.«

Melanie steht in ihren politischen Positionen sicher eher Susanne Neumann und der Parteilinken in der SPD nahe. Aber auch sie ist kein Opfer, sondern eine fröhliche, engagierte und kreative Frau, die sich um andere Menschen kümmert. Dem Bild, das Sozialdemokraten gern von der »Aldi-Verkäuferin an der Kasse« malen – ein unselbständiges Wesen, dem nur mit staatlicher Umverteilung zu helfen ist –, entspricht wohl kaum jemand weniger. Und das ist ja auch genau der Punkt: Selbstverständlich gibt es in den neuen Dienstleistungsberufen, bei den Amazon-Paketausfahrern, bei den Gebäudereinigern, bei Sicherheitsleuten und Beschäftigten in der Gastronomie abenteuerliche Beschäftigungsverhältnisse. Aber das einzige, was ihnen langfristig helfen wird, ein selbstbestimmtes und zufriedenes Leben zu führen, ist ein auskömmlicher Lohn. Der demografische Wandel ist auf ihrer Seite, die Unternehmen werden über kurz oder lang gezwungen sein, anständig zu bezahlen, aber sie werden es nicht freiwillig tun. Deshalb führt an der gewerkschaftlichen Selbstorganisation dieser Berufsgruppen kein Weg vorbei. Die SPD könnte sie dabei unterstützen. Und sie könnte sich für fairen Handel einsetzen – nicht nur mit den Entwicklungsländern, sondern auch bei Waren und Dienstleistungen, die in Deutschland angeboten werden. Denn die Preise bei Aldi, Netto und Lidl, das kostenlose Herumschicken von Interneteinkäufen, das alles wird ja nur durch die teilweise erbärmlichen Löhne der Beschäftigten möglich. Die SPD könnte sich statt für weitere Umverteilung für eine Gesellschaft einsetzen, die bereit ist, reelle Preise zu bezahlen.

Hans, Dachdecker

Hans, 52, machte seine Dachdeckerlehre zu DDR-Zeiten – und hängte gleich noch eine Ausbildung zum Klempner und Installateur dran. Doch die Arbeit auf dem Dach war besser bezahlt, deshalb kehrte er als Angestellter in seinen ersten Beruf zurück. Er engagiert sich im Prüfungsausschuss der Dachdeckerinnung und kümmert sich im Betrieb um die Lehrlinge. Mit der Qualifikation des Nachwuchses ist er nicht besonders glücklich. »Dass wir keine Abiturienten haben – klar. Dachdecker waren auch früher oft körperlich fitter als im Kopf. Aber heute haben sie alle Probleme mit dem Rechnen«, sagt er: »Und mit der körperlichen Fitness ist es auch nicht mehr weit her.« Er könne es nicht wegreden: Gerade Ausländer täten sich schwer. Mit denen müsse er für die Berufsschule erst Grundkenntnisse in allem erarbeiten. Hat er eine Vermutung, woran das liegt? »Die Eltern sagen denen nix.«

Man müsse allerdings auch zugeben, dass der Job sehr hart sei, sagt Hans. Leiter rauf, Leiter runter, Dachpappe-Rollen von 37 Kilo auf der Schulter tragen – das schlauche schon. Und weil alles immer schneller und effizienter sein müsse, würden die Materialgebinde immer größer und schwerer. Früher vier bis sechs Ziegel, heute acht bis zehn. »Ich bin jetzt seit 32 Jahren auf dem Dach«, sagt er: »War noch nie zu Hause, nur ein einziges Mal drei Monate arbeitslos.« Aber ob er das bis 67 schaffe, da sei er sich wirklich nicht sicher. »Du brauchst unbedingt einen Ausgleich«, sagt Hans. Als er jünger war, ging er noch ins Fitnessstudio, um gezielt die Rückenmuskulatur zu stärken. »Aber irgendwann schaffst du das rein zeitlich nicht mehr.« Ist er denn der SPD dankbar, dass sie die Rente mit 67 modifiziert hat, so dass man nach 45 Beitragsjahren aufhören kann – er also schon mit 63?

Nein, sagt er, von der SPD halte er nicht viel, »die versprechen immer viel und machen nichts«. Und Sigmar Gabriel, nein, der sei ihm nicht gradlinig genug. Er könne auch die Schwachköpfe nicht verstehen, die zur AfD liefen – »Deutschland ist doch sozial total gut aufgestellt. Das sollten wir so behalten.« Er findet Angela Merkel gut, sollen die Leute doch so viel auf ihr rumhacken, wie sie wollen. »Natürlich«, sagt er, »muss man auch im eigenen Land gucken, dass das läuft. Also nicht Obdachlosenunterkünfte wegnehmen für Asylbewerber. Und Integration, da muss man schon hinterher sein – vor allem Sprachkurse!«

Öffentlich zu finanzierende Arbeit, sagt er, gebe es doch genügend. Was ist sonst noch wichtig? Eine ordentliche Mittelstandsförderung.

Hans ist Vorsitzender eines Kleingartenvereins, die Familie baut ihr eigenes Gemüse an. Außerdem ist er Ordner bei einem Zweitliga-Fußballverein. »Wir sollten Wachschutz kriegen wegen der Fans«, sagt er. »Aber wir sind ja selber Fans. Wir machen das viel besser.«

Seine Tochter, erzählt er stolz, verdiene als Krankenschwester mehr als er. Aber auch sie habe zunehmend Mühe, eine bezahlbare Wohnung zu finden. Sagt es, und steigt die Leiter hoch zum Dachstuhl eines Gründerzeithauses, das gerade luxussaniert wird. Was haben die SPD und ihr Kanzlerkandidat Martin Schulz ihm zu sagen? Hans ist Arbeitnehmer, er ist aufstiegsorientiert, er organisiert das Leben und die Freizeit für sich und andere. Eigentlich müsste die SPD ihm viel bieten können. Woran liegt es, dass er ihr nicht mehr glaubt? Es könnte dieses Gefühl sein, dass auf die Partei kein Verlass mehr ist, dass deren Wankelmütigkeit, die Hans so ablehnt, für ihn einen tiefer sitzenden Machtopportunismus symbolisiert. Oder er möchte sich nicht gern bevormunden lassen.

Andrea, Krankenschwester

Andrea, 29, hat eine Ausbildung zur Arzthelferin gemacht, jetzt ist sie Krankenschwester. Zwei Jahre lang hat sie im »Intensiv-Pool« eines großen Universitätsklinikums gearbeitet – was besonders anstrengend war, weil zu Nacht- und Schichtdienst noch das »Stationen-Hopping« kam. Die Dienste gehen von 6 Uhr 30 bis 14 Uhr 30; von 14 Uhr bis 23 Uhr 30; von 22 Uhr bis 7 Uhr morgens. Besonders die Arbeit auf der Kinderstation hat sie mitgenommen. »Schwerkranke Kinder, diese vollkommen verzweifelten Eltern – das hältst du kaum aus.« Viele Kolleginnen würden sich in die Teilzeit flüchten, sagt sie. Aber nicht jede kann sich das finanziell leisten.

Der Zeitdruck ist immens, die Betten sind knapp. »Sehr oft wird gebrüllt: Warum zu uns?«, sagt Andrea. Keine einzige Station habe genug Personal, aber wenn Übergaben zu kurz ausfielen, sei das ein gewaltiges Risiko für die Patienten. »Es macht schon etwas aus, ob eine Thrombose bemerkt wird oder nicht.«

Sowohl für die Dinge, die man mit anschauen müsse, als auch für die permanente Überlastungssituation brauche man eigentlich eine Supervison, sagt Andrea. Aber die gibt es nur auf besonderen Antrag der Station. Überstunden werden nicht bezahlt, sondern durch Freizeit ausgeglichen. Nur: Wann soll man die nehmen, wenn die Kollegen in den Seilen hängen?

SPD? Andrea schnaubt. »Die SPD-Landesregierung hat uns eingebrockt, dass das sogenannte Facility-Management ausgegliedert und privatisiert wurde. Das sind zum Beispiel die Reinigungskräfte. Die sind existenziell für ein Krankenhaus. Die kriegen jetzt nur noch Mindestlohn, 42-Stunden-Woche, ganz fürchterlich.« Auch bei den Pflegekräften sei die Situation katastrophal: »Eine Freundin von mir ist neulich im Patientenzimmer ohnmächtig geworden, nach zwei Nachtdiensten in Folge. Sie geht aber nicht zum Arzt, weil sie totale Angst um ihren Arbeitsvertrag hat.« Warum eine Körperschaft des Öffentlichen Rechts sich als Arbeitgeber so verhalten dürfe wie dieses Klinikum, sei ihr höchst unklar, sagt Andrea. Und wenn man auf nicht zu verantwortende Situationen hinweise, werde man gefragt: »Sind Sie überfordert mit Ihrem Job?«

Sterbebegleitung sei kaum möglich, man gehe alleine von Zimmer zu Zimmer, hier zu trinken geben, dort zur Toilette begleiten, jedem Patienten das Wort abschneiden – »und das sind alles Menschen in Notsituationen«. Man müsse sich rechtfertigen für Pausen, für Urlaub, für alles.

»Ich habe einen Schrebergarten«, sagt Andrea, »ich muss in der Freizeit raus, mich austoben, mit Freunden zusammen sein, die nicht in der Pflege sind, über andere Dinge reden.« Trotz ihres anstrengenden Lebens arbeitet sie ehrenamtlich in einer Flüchtlingsunterkunft mit, übt Lesen und Schreiben mit syrischen Kindern. Merkels Flüchtlingskurs findet sie richtig, aber darüber hinaus kann sie mit der CDU nichts anfangen. Vor dem Aufstieg der AfD graut es ihr: »Und es leben kaum noch Menschen, die berichten können, zu was für fürchterlichen Dingen die Deutschen einmal fähig waren.«

Aber dann doch noch einmal: die SPD? »Nein«, sagt Andrea, »die sind mir einfach zu opportunistisch, wollen von allen gemocht werden, versprechen viel und halten wenig, waren in unserem Fall die schlimmsten Privatisierer.«

Das Fazit? Tatiana, Irina, Bernd, Melanie, Hans, Andrea: Das sind die hart arbeitenden, Steuern zahlenden und die Gesetze befolgenden Menschen, von denen der frühere amerikanische Präsident Bill Clinton so bewegend zu sprechen pflegte. Auch Martin Schulz führt die hart arbeitenden Menschen als Motivation und Legitimation für seine politischen Vorstellungen an. Das ist einer Partei der abhängig Beschäftigten und der Freiberufler, die nicht zu den Megareichen zählen, durchaus angemessen. Es ist aber tragisch, wenn solche Menschen sich von der Sozialdemokratie gar nicht mehr angesprochen fühlen. Doch das kommt offenbar vor, und zwar nicht in sechs Fällen, sondern im Fall von zehn Millionen Wählern, die die SPD seit 1998 verloren hatte. Was viele dieser Menschen am meisten zu vermissen scheinen, ist ein Gefühl von Beständigkeit: Wenn man schon, und mit großer Geste, Arbeitsmarkt und Sozialstaat reformiert, dann muss man auch länger als eine Legislaturperiode dazu stehen, sonst kommt der Verdacht auf, man habe rein willkürlich gehandelt. Womöglich haben die Korrekturen an der Agenda 2010 der SPD mehr geschadet als die Agenda selbst – und zwar weil diese Korrekturen sie als wankelmütig erscheinen ließen.

Im Kampf um die »hart arbeitenden« Menschen helfen nur Beständigkeit, Respekt statt Bevormundung – und ein wacher Blick dafür, wie das Berufs- und Familienleben heute für die Mehrheit der Arbeitnehmer wirklich aussieht: vielfältig, ständig unter Zeitdruck, digital getaktet, konfrontiert mit Herausforderungen durch demografischen, digitalen, globalen Wandel, mit einer großen Zahl von Entscheidungen, die allein zu treffen beängstigend sind.

8

Bildung: Was Menschen wirklich wissen müssen

Über »soziale Gerechtigkeit« wird in der Martin-Schulz-SPD reichlich diskutiert – oder vielmehr wird reichlich beklatscht, dass der Parteivorsitzende für sie eintritt. Das Vertrackte an sozialer Gerechtigkeit ist allerdings nicht das Bekenntnis zu ihr, sondern die Frage, wie man sie ganz konkret erreicht. In der Vor-Agenda-Gesellschaft mit ihrer Massenarbeitslosigkeit und ihrem massenhaften Sozialhilfebezug hatte sich irgendwann die Ansicht durchgesetzt, dass Transferzahlungen allein nicht unbedingt ein selbstbestimmtes, glückliches Leben ermöglichen. Der Armutsbegriff, mit dem die Wohlfahrtsverbände operieren, ist paradox: Er bezeichnet alle Menschen als arm, die nur über sechzig Prozent des mittleren Haushaltseinkommens verfügen. Darunter fallen zum Beispiel fast alle Studierenden. Und wenn alle mehr verdienen, gibt es nach dieser Vorstellung nicht einen Armen weniger.

Weil die materielle Frage in der Praxis so schwer zu beantworten ist, hat sich der übergreifende politische Konsens dahin verlagert, dass gute Bildung eine, wenn nicht *die* Grundlage für individuelle Chancen und eine gerechte Gesellschaft sei. Und das ist ja auch ziemlich banal: Wer wirklich etwas kann – Lesen, Schreiben, Rechnen, Denken, Argumentieren, Urteilen –, der wird in der Regel einen Vorteil vor denen haben, die es nicht können.

Ein Problem liegt allerdings darin, dass die Bildungsgläubigkeit die Schuld für jedwedes Scheitern in den einzelnen Menschen zurückverlagert. Nicht die Umstände, der Kapitalismus oder andere böse Mächte sind verantwortlich, wenn man es zu nichts bringt. Sondern man hat vermutlich einfach nicht genug gelernt, oder das Falsche, oder sich nicht richtig angestrengt. Bildung als Antwort auf die soziale Frage baut einen ziemlichen Druck auf den Einzelnen auf.

Wenn die Gesellschaft aber dieser Logik folgt, dann ist es die Aufgabe weitsichtiger Politik, solche Bildungseinrichtungen zu schaffen, die den einzelnen Menschen tatsächlich so gut wie irgend möglich ausbilden. Davon kann in Deutschland in Zeiten abnehmender Mathematik-, Grammatik- und Rechtschreibkenntnisse, hoffnungslos abgehängter Brennpunktschulen, allzu oft überforderter Studenten und abnehmenden Interesses an handwerklichen Lehrberufen.

Grundschulen unterrichten Lesen und Schreiben mit Methoden, die es zumal Kindern, die nicht aus Deutschland kommen, fast unmöglich machen, alphabetisiert zu werden. Kultusministerien senken Prüfungsanforderungen, um eine hohe Quote von Abiturienten zu produzieren. Hochschulen bieten Einführungskurse mit Schulunterricht an. Die Entwicklung im Bildungssystem ist insgesamt nicht beruhigend, und die große Zahl von Flüchtlingskindern, die ebenfalls ihre Chance brauchen, macht die Sache nicht leichter.

Sozialdemokraten hatten in der Bildungspolitik immer den größeren Reformeifer, den größeren Gestaltungswillen als die Christdemokraten, deren Finanzminister als echte Fehlreform eigentlich nur die Idee des Abiturs in acht Jahren (G8) zu verantworten haben. Und der Unsinn dieser »Reform« wird langsam erkannt: Sowohl das christsoziale Bayern wie das rot-grüne Niedersachsen haben G8 zurückgenommen. Das macht Hoffnung:

Offenbar hat es Sinn, über Bildungspolitik und ihre empirischen Auswirkungen zu streiten.

In unzähligen Landesinstituten für Lehrerfortbildung und Unterrichtsentwicklung, in Gewerkschafts- und Berufsverbandarbeitsgruppen haben Sozialdemokraten die Dauerreform von Schule und Hochschule vorangetrieben. »Gute Bildung für alle« ist ein Seelenthema der SPD. Insofern tragen Sozialdemokraten durch die Schulform-, Lehrplan- und Lernmethodenvielfalt, die sie befördert und umgesetzt haben, eine größere Verantwortung, wenn das Bildungssystem sich jetzt an vielen Stellen als instabil erweist. Die Christdemokraten haben dem unermüdlichen Reformeifer allerdings auch immer öfter höchstens hinhaltenden Widerstand entgegengesetzt.

Es wäre also dringend an der Zeit, wieder über »Bildung« zu diskutieren. Und dies möglichst unideologisch und vor allem unter der Fragestellung: Was nützt, was wirkt, was funktioniert, was muss besser werden? (»Anders« ist kein Wert an sich.) Dazu gehörte eine realistische Bestandsaufnahme der Institutionen und Neuerfindungen, die das Bildungswesen in den letzten Jahrzehnten geprägt und verändert haben. Ich habe mich in meiner journalistischen Arbeit immer wieder mit Bildungsfragen befasst und komme auf einen Katalog von wenigstens fünf Wahrheiten, die in der Sozialdemokratie als vollkommen unstrittig gelten, aber eigentlich höchste Aufmerksamkeit verdient hätten.

Black Box Kita

Der Rechtsanspruch auf den Kindergarten- und den Krippenplatz ist da. Die Ganztagsschule als Regelschule wird vermutlich kommen. Es ist nur schwer vorstellbar, dass es jemals wieder so werden wird, wie es Anfang der siebziger Jahre war: alle Mütter (bis auf die einzige »Geschiedene«) in der Straße zu Hause. Mittags warmes Essen auf dem Tisch. Nachmittags unbeaufsichtigtes Herumtoben mit den Nachbarskindern.

Viele Frauen wollen so nicht mehr leben, viele Familien können es sich auch nicht mehr leisten, so zu leben. Insofern war der flächendeckende Ausbau der »Kindertagesbetreuung« notwendig und überfällig. Aber man sollte nicht übersehen, dass die Ganztagsbetreuung für die *Kinder* auch einen Verlust von Freiheit und Spontanität mit sich gebracht hat – und die Doppelberufstätigkeit ein ordentliches Plus an (neuem) Elternstress.

Ein Acht-Stunden-Tag in der Kita ist für Kinder allein wegen des Geräuschpegels eine Anstrengung; auch wegen der vergleichsweise knappen Gelegenheiten, »für sich« zu sein und Dinge »für sich« zu haben; auch wegen der Dauergruppenbelastung und wegen der oft wechselnden erwachsenen Bezugspersonen.

Nachdem der quantitative Ausbau weitgehend geschafft ist, geht es um die Qualität. Es geht darum, was in der Black Box Kita jeden Tag geschieht, von morgens bis abends. Wenn die Familie, gerade die um »bürgerliche« Werte bemühte Familie, immer weniger Gelegenheit hat, bei Tageslicht Einfluss auf die Entwicklung ihrer Kinder zu nehmen – muss dann nicht die betreuende Institution »bürgerlicher«, familienähnlicher werden? Müssen nicht die Gruppen kleiner und verlässlicher, die Ruhezeiten regelmäßiger, der Lärm geringer werden und die Bezugspersonen immer da sein?

Es gehört quasi zum Ethos von Erzieherinnen, dass sie Kinder »professionell« betrachten und mit ihnen »arbeiten« – sie also explizit nicht *lieben*. Das mag richtig sein. Aber liebgehabt werden müssen Kinder schon, auch tagsüber zwischendurch einmal.

Krippen, Kindergärten und Horte leisten heute schon Gewaltiges bei der Integration von Einwanderer- und Flüchtlingskindern. Aber sie könnten und müssten weit mehr leisten. Den Erwerb von Deutsch als Zweitsprache zu begleiten, das erfordert Fachkenntnisse, die die wenigsten Erzieherinnen haben. Ein souveräner Umgang mit Sprache ist das beste Integrationsmittel, das es überhaupt gibt – übrigens auch für deutschstämmige Kinder aus schwierigen Verhältnissen. Also müsste die Maxime für Krippen, Kitas und Horte lauten, alle Bemühungen auf die Sprache zu werfen. Vorzulesen, zu erzählen, das Tischgespräch zu üben und die Höflichkeitsformen; zu singen, Reime aufzusagen, Fingerspiele zu Gedichten zu machen, winzige Texte auswendig zu lernen, Theater- und Rollenspiele zu inszenieren, Kaspertheater aufzuführen und gute Kindersendungen im Fernsehen anzusehen und darüber zu sprechen. Danach können Bewegung und gesundes Essen kommen – und eine Kita, die nach diesen Prinzipien geführt würde, wäre sicher nicht die traurigste. Dazu braucht es aber Personal, ausreichend Personal, das all dies möchte und *kann*. Und die Voraussetzung für den Erfolg dieses Modells ist, dass tatsächlich jedes Kind als Persönlichkeit wahrgenommen wird und nicht nur als Faktor eines Betreuungsschlüssels.

Die SPD sollte die Qualität der Kitas zu einem großen Thema machen – und dort, wo sie auf kommunalpolitischer Ebene über die Zulassung von Trägern der Jugendhilfe entscheidet, grundsätzlich sprachorientierte Konzepte fördern. In städtischen Einrichtungen sollte sie dort, wo sie regiert, den Personalschlüssel drastisch erhöhen und die sprachliche Förderung in den Vordergrund stellen. Wenn die Kommunen in ihrer gegenwärtigen finanziellen Lage die Aufstockung nicht leisten können, muss es Bundesprogramme geben, ganz wie beim Kita- und Ganztagsschulausbau. Wir brauchen zudem Begleitforschung, die die Wirksamkeit der Sprachförderung misst. Und prominent besetzte Kongresse auf Bundesebene, in denen über Kita-Standards und

Kinderglück diskutiert wird. Es dürfte inzwischen nahezu jedem klar sein, dass das keine »Gedöns«-Veranstaltungen wären.

Was leistet die Schule?

Erstklässler erleben die Einschulung als dramatische Zäsur in ihrem Leben, und sie haben recht damit. Denn sie werden sehr viel formative und wichtige Lebenszeit in der Schule verbringen – und es wird für ihr weiteres Leben tatsächlich sehr darauf ankommen, was sie aus ihr mitnehmen, formal als Abschluss, vor allem aber konkret, als Wissen. Die Schule zeigt dem Kind auch, wie wichtig die Gesellschaft es nimmt. Deshalb sind heruntergekommene Schulgebäude, veraltete Bücher, nutzlose Computer und erschöpfte Lehrer ein fatales Signal an den Nachwuchs. Und da liegt ein erstes Problem. Man kann am Zustand der Schulen ein klassisches Problem öffentlicher Infrastruktur besichtigen: Bestehendes verkommt langsam, weil Pflege und rechtzeitige Sanierung den politisch Verantwortlichen in der Regel nicht viel Applaus einbringen.

Gerade Kommunalpolitiker stürzen sich dann irgendwann, wenn gar nichts mehr geht, in prestigeträchtige und teure Neubauprojekte. Warum bekommen die Finnen, die ja nun auch kein wahnsinnig viel reicheres oder produktiveres Volk sind als wir, es hin, dass ihre Schulgebäude hell und gepflegt sind und dass in der selbstverständlich jederzeit geöffneten Kantine selbstverständlich kostenlose Verpflegung zur Verfügung steht, die auch noch lecker ist? Für die SPD könnte es gut sein, in dieser Hinsicht Ehrgeiz zu entwickeln.

Verdienste erwarben sich sowohl Sozial- wie Christdemokraten in den sechziger Jahren des 20. Jahrhunderts, als sie in der ersten Großen Koalition der Bundesrepublik das Bildungswesen reformierten, Gymnasien und Universitäten öffneten und ausbauten und versuchten, den Zusammenhang zwischen sozialer Herkunft und Bildungsabschluss zu verringern. Das ist ihnen in spektakulärer Weise gelungen – wenn man sich allein die heutige Zahl der Abiturienten und Hochschulabsolventen ansieht (55 Prozent eines Jahrgangs nehmen inzwischen ein Hochschulstudium auf).

Aber der Bildungsbereich wurde auch – und das zweifelsohne mehr auf Betreiben der Sozialdemokraten – zu einem Schlachtfeld der permanenten Revolution. Eine Bildungsmode jagte die nächste, Methoden, seien es Teamarbeit oder Schreiblerntechniken, seien es Wochenpläne oder offener Unterricht, wurden immer anspruchsvoller und komplizierter: zu bewältigen für kluge Kinder mit guter häuslicher Förderung, extrem schwierig für alle anderen. Die Folge war eine unfaire Differenzierung in einem nur scheinbar egalitären Bildungswesen. Die Guten lernten alles, die Schlechten bekamen ein Zertifikat.

Es ist kein Wunder, dass gerade die härtesten Kritiker der sozialdemokratischen Bildungspolitik selbst der SPD nahestehen oder -standen: der österreichische Philosoph Konrad Paul Liessmann zum Beispiel *(Theorie der Unbildung)*, der Soziologe Heinz Bude *(Bildungspanik)* oder der verstorbene Literaturprofessor und Autor Dietrich Schwanitz *(Bildung. Alles, was man wissen muss)*. Sie alle sahen in schmerzhafter Klarheit, dass das, was als Vereinfachung, als Erleichterung, als Senkung der Schwellen gedacht war, in Wirklichkeit zu schlechteren Chancen für eben die führte, denen man eigentlich helfen wollte.

Inzwischen ist dieser ohnehin unbefriedigende Zustand noch einmal qualitativ umgeschlagen: Mittlerweile vermuten sogar die zur Unterstützung von Schwächeren fähigsten und willigsten Mittelschichteltern, dass die öffentlichen Schulen ihre Kinder als Sozialkitt missbrauchen. Das aber ist das Schlimmste, was einem staatlichen Schulwesen passieren kann. Heute sind die Privatschulen in Deutschland, weil fast vollständig staatlich finanziert, noch weitgehend erschwinglich. Aber sie sind auf dem Vormarsch, und immer mehr Eltern versuchen, ihre Kinder dem staatlichen Schulwesen zu entziehen. In Großbritannien und Amerika kann man besichtigen, was passiert, wenn Privatschulen als kostendeckende Betriebe arbeiten. Dann sind nicht nur die sozial Schwachen endgültig abgehängt (bis auf ein paar Alibi-Stipendiaten, die die teuren Einrichtungen gnädigerweise aufnehmen). Dann ist auch die Mittelschicht nachhaltig gekniffen, wenn sie für ihre Kinder etwas Besseres will als die abgewirtschaftete Regelschule. Die SPD sollte sich daher für die kommenden Jahre eine Revision maßgeblich von ihr verursachter Bildungsmoden vornehmen.

Bildungsbeteiligung

In den sechziger Jahren begann in der Bundesrepublik wie erwähnt der Ausbau von Gymnasien und Hochschulen. Sowohl emanzipatorisch als auch volkswirtschaftlich war es sinnvoll, mehr als fünf oder acht Prozent eines Jahrgangs das Abitur machen zu lassen. Aber wo liegt die Grenze des Sinnvollen? Für wie viele Absolventen ist die Hochschulreife der richtige Abschluss? Die OECD fordert beharrlich eine Studierendenquote von 75 Prozent – freilich berücksichtigt sie dabei nicht, dass es bei uns, anders als in anderen Ländern, die höchst anspruchsvolle duale Ausbildung im Betrieb und an der Berufsschule gibt, die zum Meisterbrief führen kann.

Es ist sehr die Frage, ob Handwerker ihre Qualifikation wirklich besser an einer Hochschule erwerben würden. Schon jetzt hat die Bildungspanik der Mittelschicht dazu geführt, dass alle

Eltern, die für ihre Kinder auch nur irgendwelche Ambitionen hegen, allein das Abitur für einen akzeptablen Abschluss halten. Dieser Trend macht viele Schüler unglücklich – und drückt auch eine ziemlich unangebrachte Herablassung gegenüber dem Handwerk aus. In Griechenland, wo es keine duale Ausbildung gibt und die jungen Leute massenhaft an die Hochschulen drängen, haben wir es mit einer gewaltigen, extrem bedrückenden Akademikerarbeitslosigkeit zu tun. Aber versuchen Sie einmal, in Thessaloniki einen Klempner zu finden.

Früher war sie das Projekt der Sozialdemokraten, und seit den siebziger Jahren gab es regelrechte Glaubenskriege (»Schulkampf«) um sie, heute setzen selbst Christsoziale ihr kaum noch Widerstand entgegen: der *einen* Schule für alle. Ob als integrierte Gesamtschule oder neuerdings als Regional- oder Gemeinschaftsschule: Immer geht es darum, das gegliederte Schulwesen zu überwinden und alle Kinder »länger gemeinsam lernen zu lassen«. Am scharfen Widerstand der Eltern (fast 90 Prozent sind dagegen) scheiterte bisher die Abschaffung der Gymnasien, so dass Deutschland langfristig auf ein zweigliedriges System zusteuert: Gymnasium für alle, die es schaffen, und irgendeine Form von integrierter Schule, die theoretisch auch zum Abitur führt, für alle anderen. Das Problem: Gymnasien und Realschulen waren nach etlichen Schulvergleichsstudien fachlich leistungsfähiger als Gesamtschulen. Und diejenigen Eltern, die genug Initiative haben (und es sich finanziell leisten können), beantworten den Gesamtschultrend auf ihre Weise und optieren zunehmend für private Einrichtungen. Zehn Prozent der allgemeinbildenden Schulen sind bereits »freie« Schulen, von Waldorf bis zum Internat Salem.

Zum Projekt der einen Schule für alle gehört auch die Abschaffung der Förderschule. Sie steht unter dem Verdacht, Kinder mit den unterschiedlichsten Behinderungen auszugrenzen. In

Zukunft sollen Kinder mit Förderbedarf lieber unter sonderpädagogischer Begleitung in »normale« Klassen integriert werden. Was zunächst menschenfreundlich klingt, ist erstens ein Sparprogramm für die Länder, die die teuren Sonderschulen nicht länger unterhalten müssen. Zweitens machen sich viele hoch qualifizierte und engagierte Praktiker aus der Sonderpädagogik große Sorgen um ihre Schützlinge, die sie in den Facheinrichtungen keineswegs ausgrenzen, sondern so bestmöglich fördern wollten. Drittens bringt die Inklusionsforderung ohne ausreichendes Personal gerade Brennpunktschulen ans Ende ihrer Leistungsfähigkeit. Das bedeutet dann: schlechtere Chancen für alle. Dass es in der SPD keinerlei kritische Debatte um die Inklusion gibt, zeigt, wie wenig die Sozialdemokraten ihre eigene Reformpolitik noch reflektieren. Inklusionsrhetorik heißt für sie Fortschritt, und Fortschritt ist in ihrem Weltbild ausschließlich gut.

Das Beste für das Kind?

»Weg mit den Noten!« fordern immer wieder Bildungsexperten – echte und selbsternannte. »Förderlicher als Ziffernzeugnisse wären gemeinsame Gespräche zwischen Lehrern, Eltern und Kindern, in denen miteinander geklärt wird, wo das Kind steht und wohin es sich entwickeln soll«, meint zum Beispiel Hans Brügelmann, laut *Bild*-Zeitung einer der renommiertesten Erziehungswissenschaftler Deutschlands. Doch in einer Leistungsgesellschaft bedürfe es nun einmal einer Leistungsbilanz, schreibt Josef Kraus, ehemaliger Gymnasialdirektor und Vorsitzender des Deutschen Lehrerverbandes. Und fährt schweres Geschütz auf: Mehr als tausend internationale Studien zu »Raster-, Baustein-, Berichts- oder Briefzeugnissen« sowie zu »relativer Notengebung und zuwachsorientierten Leistungstests«

hätten nicht nachweisen können, dass ein System der verbalen Bewertung der Benotung überlegen sei.

Zu den beliebtesten Feindbildern von sozialdemokratischen Bildungspolitikern gehört neben den Noten immer noch der »Frontalunterricht«. Er gilt, obwohl er in der freien pädagogischen Wildbahn kaum noch in Reinform vorkommt, als Inbegriff der autoritären, obrigkeitlichen Schule, die die Individualität und das persönliche Lerntempo der Kinder missachtet. Obwohl der »lehrerzentrierte Unterricht« sich in vielen Untersuchungen als effektiver erwiesen hat, sind »kooperative Lernformen«, also Lernen mit Partner, in Gruppen oder individuell nach einem Wochenplan oder Lernpaket, allenthalben auf dem Vormarsch. Für schwache Schüler ist das eher ein Risiko als eine Chance. Selbst wenn zwei Lehrkräfte in der Klasse sind, gelingt es Kindern, die sich nicht äußern möchten, ziemlich gut, aus dem Blick zu geraten und quasi mit der Tapete zu verschmelzen. Dass »Frontalunterricht« grundsätzlich böse sei, ist kein Leitsatz, den SPD-Gremien beschließen. Es ist eher eine Art gefühltes kulturelles Wissen, dem allerdings kaum ein Sozialdemokrat widersprechen würde – außer allen vernünftigen sozialdemokratischen Lehrern in meinem Bekanntenkreis.

Lesen und Schreiben

Die Rechtschreibreform von 2006 war von dem Geist getragen, den »elaborierten Code« der deutschen Rechtschreibung, der angeblich breite Bevölkerungsschichten überforderte, durch ein einfaches und intuitiv einleuchtendes Regelwerk zu ersetzen. Damit war sie im Kern sozialdemokratisch-egalisierend gemeint. Leider hat die Reform nicht funktioniert. Die strukturellen Unterschiede zum Beispiel zwischen Konsekutiv- und

Relativsätzen (»Ich bin so glücklich, dass ich weinen könnte«, »Ich nehme das Stück Kuchen, das am größten aussieht«) werden weiter durch unterschiedliche Schreibweise markiert – dass und das – und also auch weiter falsch geschrieben. Die neue Getrenntschreibung ist oft sinnentstellend. Und die Fehlerquote in Klassenarbeiten ist nicht etwa zurückgegangen, sondern hat sich verdoppelt.

Die tiefe Verunsicherung, welche Regeln eigentlich gelten, wird verschärft durch ein sehr problematisches didaktisches Konzept: die Methode »Lesen durch Schreiben« des Schweizer Pädagogen Jürgen Reichen. Obwohl diese Methode inzwischen hoch umstritten ist und nie einen wissenschaftlichen Nachweis für ihre Überlegenheit erbringen konnte, ist sie besonders im Zuständigkeitsbereich sozialdemokratischer und grüner Kultusbürokratien verbreitet. Durch ein reges Fortbildungsgewerbe unter Grundschullehrkräften hat sie viele Anhänger und wird manchmal mit fast religiösem Eifer verteidigt. Nach Reichen schreibt das Kind, das »Kino« mit »ie« schreibt, richtig, weil es das lange »i« im Wort korrekt gehört hat. Nach zwei Jahren der phonetischen Schreibung – die die Eltern auf keinen Fall korrigieren sollen – müssen die Kinder dann allerdings doch die korrekte Rechtschreibung lernen. Gerade für die schwächeren Schüler eine ungeheuer frustrierende Erfahrung. Für Hunderttausende von Flüchtlingskindern ist die Methode komplett ungeeignet, weil sie ja die Sprache, die sie phonetisch aufschreiben sollen, gar nicht verstehen können. Wenn die Kultuspolitik in dieser Frage nicht schnell eine sinnvolle Entscheidung trifft, dann bekommen wir eine »neue Bildungsunterschicht«, wie Heike Schmoll es in der *Frankfurter Allgemeinen Zeitung* formuliert hat.

Und auch jetzt schon haben wir rund 20 Prozent 15-Jährige, die nicht sinnentnehmend lesen können. Die SPD muss sich dafür einsetzen, dass die Methoden des Schreibenlernens wissenschaftlich evaluiert und auf ihre Wirksamkeit überprüft werden. Da sie ohnehin das Kooperationsverbot zwischen Bund und Ländern in Bildungsfragen angetastet hat, sollte sie sich für bundesweit einheitliche Standards des Lese- und Rechtschreibunterrichts einsetzen und den unerträglichen Zustand beenden, der es jeder Lehrerin und jedem Lehrer erlaubt, nach seiner persönlichen Vorliebe zu unterrichten. Langfristig könnte sie über die Frage, ob die Grundzüge unseres Bildungswesens nicht insgesamt bundesweit vereinheitlicht werden sollten, eine große gesellschaftliche Debatte anstoßen. Richtig lesen und schreiben zu lernen ist ein fundamentales Menschenrecht, ein Gerechtigkeitsthema von überragender Bedeutung.

9

Sozialdemokraten und die digitale Revolution

Die unsichere Weltlage, die autoritären Entwicklungen in Russland, in der Türkei und in den USA, die Flüchtlingskrise, Zerfallstendenzen in der Europäischen Union – das alles beschäftigt uns. Das alles ist viel, viel zu viel, um es gleichzeitig zu verstehen und sich noch auszukennen. In der unglaublich stabilen, friedensverwöhnten Bundesrepublik sind wir an ein solches Tempo nicht gewöhnt. Es macht uns atemlos.

Sozusagen im Windschatten dieser aufgewühlten Zeit vollzieht sich aber eine technologische Revolution, die wir politisch nicht außer Acht lassen können. Sie wird die Gesellschaft mehr verändern als alle Modernisierungsschübe zuvor; sie ist längst dabei, es zu tun. Ganz mühelos, fast ohne Widerstand hat die Digitalisierung Einzug in unser Leben gehalten – was noch kommen wird, ist durchaus abseh-, aber gleichzeitig unvorstellbar.

Vor 20 Jahren besaß noch niemand ein Handy. Heute liegt die Verfügbarkeit von Smartphones bei fast 100 Prozent. Unser Kommunikationsverhalten hat sich bereits radikal verändert, ebenso die Arbeitsweise in allen Berufen, in denen es nicht auf körperliche Anwesenheit ankommt – und auch das wird sich ändern, denn Koch-, Pflege- und Friseurroboter gehören zu den leichteren Übungen im Bereich des Vorstellbaren.

»Smarte« Heizungsthermostate, zuhörende und antwortende Amazon-Geräte in allen Räumen, das gesamte »Internet der Dinge« können große Annehmlichkeiten bringen, aber sie erlauben auch die Totalüberwachung des Einzelnen und fatale Angriffe auf kritische Infrastrukturen wie die Strom- und Wasserversorgung. Hackertechniken ermöglichen außerdem Angriffe auf die »kritische Infrastruktur« Demokratie: Wenn wir beim besten Willen nicht mehr unterscheiden können, welche Nachrichten wahr und welche in böser Absicht gefälscht sind, bricht unsere demokratische Öffentlichkeit zusammen.

Internetkonzerne wie Google und Facebook agieren längst nicht mehr wie bloße Unternehmen: Sie setzen sich über national geltendes Recht hinweg; sie träumen von extraterritorialen künstlichen Inseln auf hoher See, wo sie keiner Rechtsprechung unterliegen; sie haben Pläne zur Verbesserung des Menschen. Über diese Pläne wird viel zu wenig politisch diskutiert, weil es vielen immer noch so erscheint, als ginge es um bloße Produktideen. Aber diese »Produkte« – zum Beispiel der mit dem Internet körperlich verbundene Mensch oder eine Künstliche Intelligenz, die sich selbst verbessern kann – sind gesellschaftlich in höchstem Maße relevant. Sie dürfen nicht einfach über den Markt eingeschleust werden. Über die Frage, ob wir derartige Veränderungen wollen oder nicht, muss demokratisch entschieden werden.

Eigentlich wäre die Zukunft des digitalen Kapitalismus ein ideales Thema für die Sozialdemokratie, denn neben den rechtlichen und den Freiheitsfragen schafft die Entwicklung ja auch einen ganz neuen Widerspruch zwischen Arbeit und Kapital: Inwiefern ist es gerechtfertigt, dass die fleißige »Datenarbeit« von vielen – in sozialen Netzwerken, bei Suchanfragen und Online-Geschäften – ganz wenige extrem reich macht? Was bedeutet es, wenn zukünftig Menschen für Maschinen arbeiten? Ist es akzeptabel, dass einige Megakonzerne den Zugang zu einer Infrastruktur, nämlich zum Internet, kontrollieren, die so wichtig geworden ist wie Stromnetz und Kanalisation? Alle diese Fragen müssen politisch entschieden werden, bevor sie technisch beantwortet sind.

In den USA gibt es dazu seit 20 Jahren eine qualifizierte und äußerst kritische Diskussion – sowohl in der Wissenschaft und im Kreis der Internetpioniere (wie etwa Jaron Lanier) als auch in der Literatur. *Der Circle* von Dave Eggers, *Little Brother* von Cory Doctorow oder *Traveller* von John Twelve Hawks entwerfen so kenntnisreiche wie bedrückende Szenarien.

In Deutschland war die öffentliche Stimmung zunächst von der Sorge geprägt, eine wichtige technologische Neuerung zu verpassen, da die Softwareentwicklung ihre Heimat in Amerika gefunden hatte. Außerdem kämpften »Netzaktivisten« für das Menschenrecht auf Anonymität im Netz – was zumindest aus heutiger Sicht technisch naiv ist, denn mit den entsprechenden Kenntnissen lässt sich nahezu jede »Anonymität« in der notwendig offenen Struktur des Netzes aufbrechen. Vor allem aber war diese Forderung gesellschaftlich gefährlich: Heute sehen wir, wie die Anonymität auf Kommentarseiten und in sozialen Netzwerken zu einer beispiellosen Verrohung der Kommunikation führt. Auch das Verbreiten anonymer »Fake News« wird inzwischen als Problem begriffen, ebenso die unkontrollierte Datensammelei der Konzerne und die schier unendlichen Überwachungsmöglichkeiten der digitalen Welt. Langsam kommt auch bei uns eine kritische Debatte in Gang, in der inzwischen auch nicht mehr verlangt wird, jeder Skeptiker möge sich zunächst rituell vor den Segnungen des Netzes verneigen, bevor er seine Kritik äußert.

Die Sozialdemokratie hat sehr lange gebraucht, um eine kritisch-konstruktive Haltung zur digitalen Entwicklung zu finden – wenn man davon überhaupt schon sprechen kann. Das liegt daran, dass sich die SPD immer als Partei des Fortschritts begriffen hat. Nichts fürchtet sie mehr als »Rückwärtsgewandtheit« und »Kulturpessimismus«. Eine kulturpessimistische Haltung gilt in Deutschland spätestens seit dem großen Buch Fritz Sterns *(Kulturpessimismus als politische Gefahr)* als inakzeptabel. Stern beschreibt darin, wie Mitglieder der sogenannten »Konservativen Revolution« mit ihren Untergangsfantasien den Nationalsozialisten geistig den Weg bereiteten.

In ihrer vulgarisierten Form sind seine Erkenntnisse aber darauf reduziert worden, dass auch jede Form von Kritik am technischen Fortschritt sehr schnell als reaktionär gilt. Und diese Haltung ist in der SPD, was das Netz angeht, ziemlich verbreitet. Den Beginn der Internetdiskussion hat die SPD weitgehend verpasst. Oder sie biederte sich an die neu entstehende »Netzgemeinde« an – in der Hoffnung, dort die jungen Leute zu finden, die der Partei inzwischen bitter fehlten. Aber selbst der Blogger Sascha Lobo mit seinem markanten Irokesenschnitt vermochte es nicht, der SPD piratenartige Attraktivität zu verleihen.

Das ist am Ende vielleicht ganz gut, denn jetzt könnte die Partei mit ausgereifteren Argumenten und größerer Distanz in die zweite Welle der Digitaldiskussion einsteigen.

Der Internetexperte und Jurist Markus Runde hat in einem wichtigen Essay für die *FAZ* dargelegt, was jetzt schleunigst zu tun wäre. Daran könnten sich die Digitalpolitiker der SPD gut orientieren. Es ist einer dieser Texte, bei denen man das Gefühl hat, jetzt könne wirklich niemand mehr sagen, er habe es nicht gewusst.

»Wir haben dieser Digitalisierung nicht unsere Wahlstimme gegeben«, beginnt Rundes Manifest. »Wir haben nicht einen Sachverhalt zusammengetragen, verstanden, abgewogen und selbstbestimmt darüber entschieden. Wir haben kein Kreuz gesetzt für Ja oder Nein, keiner Partei oder wenigen Unternehmern eine Generalvollmacht erteilt, keine Patientenverfügung unterschrieben. Dennoch hat die Digitalisierung jeden Bereich unseres Lebens übernommen, den beruflichen, privaten, geheimen und manchmal auch den intimen.«

Die SPD machte sich einst vehement für »Technikfolgenabschätzung« in Hochschulforschung und industrieller Forschung stark, ganz besonders, als es in den achtziger Jahren um Atomkraft und Gentechnik ging. Bei diesem aktuellen gesellschaftlich-technischen Großversuch war sie zu lange unkritisch. Die Frage nach dem langfristigen Wegfall von Arbeitsplätzen wird ebenso wenig gestellt wie die Frage nach einer Neuverdrahtung des Gehirns durch ein Übermaß digitaler Anwendungen. »Kennen wir den individuellen Moment«, fragt Markus Runde, »in welchem wir die kognitiven und intellektuellen Fähigkeiten verloren haben, Fremdbestimmungen zu entdecken und in Freiheit abzuwehren?«

Der Autor empört sich über die Glattheit, mit der sich die Datenkonzerne geltendem Recht entziehen, und über die kuriose Verhältnisumkehr, in der gewählte Regierungschefs den Facebook-Gründer Marc Zuckerberg um Mäßigung anbetteln. »Der technische Imperativ der Digitalunternehmen fragmentiert unsere Wirklichkeit«, schreibt Runde, »er führt zu einer Auflösung unseres Verständnisses von einem menschlichen Leben in Würde, greift ohne sachliche Rechtfertigung in das Grundrecht zur informationellen Selbstbestimmung jedes Einzelnen ein, ist verantwortungslos gegenüber der unabhängigen Presse, schadet dem offenen und fairen Wettbewerb und nimmt einen schweren Eingriff in die Eigentumsrechte der Urheber, Verlage und der Inhalte-Schaffenden insgesamt in Kauf.«

Rundes absolut nachvollziehbare Forderung: ein deutsches Digitalgesetz (das gern Vorbild für internationale Regelungen sein darf). Es soll auf vollstreckungsfähigen Betreiberadressen bestehen; auf verständlichen Informationen darüber, worauf das Geschäftsmodell des Internetanbieters basiert und welche

Daten er wie verwendet; auf Anonymität als zu begründender Ausnahme statt als Regelfall.

Immerhin beschloss der Bundesparteitag der SPD 2015 einen vierzigseitigen Leitantrag, der sich sehr differenziert mit den Chancen und Risiken der digitalen Entwicklung auseinandersetzte: »Digital Leben. SPD-Grundsatzprogramm für die digitale Gesellschaft«. Schade nur, dass ein derartig gewichtiges Thema eine Viertelstunde vor dem geselligen Parteiabend aufgerufen wurde und dass es der Partei bisher nicht gelungen ist, ihre Diskussion in die Öffentlichkeit zu tragen.

In der sozialdemokratischen Regierungspraxis ist noch kaum Bewusstsein für die Tragweite der Digitalisierung zu entdecken; dort wird munter am Fortschritt gebastelt, Hauptsache »4.0«. Das zeigt sich besonders in der Bildungspolitik, die in diesem Falle kurioserweise maßgeblich vom Wirtschaftsministerium formuliert wurde.

Die Große Koalition hat 2015 einen Beschluss zur »Förderung der Medienkompetenz« gefasst, der mit jeder Zeile die Überzeugung verströmt, dass Schüler, wenn sie nur mit Tablets und interaktiven Whiteboards arbeiten, quasi osmotisch besser lernen und verstehen. Bildungsministerin Johanna Wanka (CDU) antwortete auf diesen Beschluss im Herbst 2016 mit einem fünf Milliarden Euro schweren »Digitalpakt« – das ist eine Milliarde mehr, als die Schröderregierung für den flächendecken (und immer noch nicht abgeschlossenen) Ausbau der Ganztagsschulen ausgegeben hatte. Das Geld soll ausschließlich zur Anschaffung von Hard- und Software dienen; es fließt allerdings nur, wenn die Länder noch einmal Komplementärmittel in gleicher Höhe zur Verfügung stellen.

Der damalige Wirtschaftsminister Sigmar Gabriel unterstützte den Plan nachdrücklich; freudig begrüßt wurde er auch von den Funktionären des Branchenverbandes Bitkom. Das kann nicht wirklich überraschen, stellt er doch ein einmaliges Konjunktur-programm für die einschlägigen Unternehmen dar. Was genau mit den neuen digitalen Endgeräten in den Schulen passieren soll und was genau die Kinder nur digital und nicht analog lernen können, ist vollkommen unklar. Um bloßes Anwendungs-wissen kann es dabei kaum gehen, denn das beherrschen zum Beispiel im Falle des Smartphones selbst Vierjährige. Verant-wortungsvolle Medienpädagogen fordern eine kritische Aneignung der digitalen Welt: Schule müsse ein Bewusstsein für die Echtheit von Quellen, für qualitativ wertvolle Recherche und Online-Verhaltensregeln vermitteln. Ob das den Absichten der Digitalbranche entspricht, ist ungewiss – und ob man dafür Geräte oder vor allem guten Unterricht braucht, ist ungeklärt.

Der Mediengestalter und Grafiker Ralf Lankau hat sehr zu Recht in der *FAZ* darauf hingewiesen, dass auch Laptops und Tablets, wie Bücher, nur mehr Medien sind. Lernen und begreifen muss jeder Schüler selbst. Wer sich ernsthaft für *game-based learning* einsetze, mache sich lediglich zum Büttel der IT-Lobbyisten, schreibt Lankau und warnt vor einer noch utopisch klingenden, aber angesichts deutscher Gründlichkeit durchaus ernst zu nehmenden Gefahr: dass nämlich die »digitale Spaltung« in Zukunft darin besteht, dass Eliteschulen weiterhin auf gute Lehrer, Präsenzkultur und gemeinsames Lernen setzen, während die mittellose Masse sich mit einer geistlosen Daddelkultur und digitalen Lernprogrammen zufriedengeben muss.

Da die Schulen in Deutschland mit IT-Ausstattung und Fach-personal bisher unterversorgt sind, gäbe es hier freilich noch die Chance, eine Reformruine zu verhindern und die Schule als ana-logen Lernort zu schützen. Im technikaffinen Amerika ist der digitale Rückbau in vollem Gange – unter anderem, weil man in der stärker empirisch orientierten Bildungskultur Amerikas die Wirkungsnachweise für »digitales Lernen« vermisste.

Digitalkunde wird den Lernenden zunächst viele analoge Fähigkeiten vermitteln müssen: Konzentration. Urteilsvermögen. Die Fähigkeit, die Plausibilität einer Quelle oder Zahl zu beurteilen. Literatur- und Geschichtskenntnisse. Sicheres Sprechen-, Lesen- und Schreibenkönnen. Respekt für Mitmenschen. Wenn man so will, wird die ganze Schule der Zukunft eine analoge Digitalkunde sein. Die allerdings zusätzlich eine mathematisch-technologische Komponente haben muss: Wie programmieren Programmierer? Warum sieht das Internet so aus, wie es aussieht, und nicht ganz anders? Was ist ein Algorithmus? Und warum empfiehlt mir mein persönlicher Algorithmus immer nur solche Seiten, auf denen steht, was ich gerne lese? Warum ist es so schwer, Daten-Megakonzerne, auf deren Seiten etwas Verbotenes passiert, strafrechtlich zur Verantwortung zu ziehen? Was machen Daten-Megakonzerne mit meinen Daten? Warum verdienen sie so viel Geld damit? Was wissen sie über mich? Was könnten sie tun? Warum macht heute die kostenlose Arbeit von Vielen wenige Einzelne superreich? Es wäre ein interessantes Fach.

Der amerikanische Internetexperte Nicholas Carr beschrieb in einem viel beachteten Essay, wie das Netz seine eigenen Lesegewohnheiten verändert hat: »Die letzten Jahre überkam mich häufig das Gefühl, dass jemand in meinem Gehirn herumpfuscht, meine neuronalen Muster neu justiert, mein Gedächtnis umprogrammiert. Mein Verstand verschwindet nicht wirklich – aber er verändert sich. Und am stärksten spüre ich das, wenn ich lese. Früher fiel es mir ganz leicht, mich in ein Buch zu vertiefen oder einen langen Zeitungsartikel von vorne bis hinten durchzulesen. (…) Dazu kommt es kaum noch. Nach zwei, drei Seiten schweife ich ab, werde unruhig und verliere schließlich den Faden. Mein eigenes Gehirn wehrt sich gegen den Text. Konzentriertes Lesen, früher ein Genuss, wird für mich zum Kampf.«

Konzentriertes Lesen, Zuhören und Verstehen, Argumentieren- und Sich-einigen-Können gehören aber zu den Grundfähigkeiten, die mündige Menschen brauchen, um in einer Demokratie nicht nur Kunde, Bildchenverschicker oder Stimmvieh zu sein, sondern Bürger.

10

Eine gerechte Gesellschaft muss sicher sein

Wenn man vor dreißig Jahren einen SPD-Parteitag in einer west-
deutschen Großstadt besuchte, herrschte dort ein aufrechtes lin-
kes Meinungsklima. Viele hielten die Wiedervereinigung von
DDR und Bundesrepublik für abwegig. Man war für Abrüstung,
und eine Reichensteuer sollten alle zahlen, die mehr als 5000
Mark im Monat verdienten. Die Genossen waren für Gesamtschulen (egal, was die Eltern wollten) und gegen Atomkraft. Die
generelle Haltung gegenüber Ausländern – von Migranten und
Migrationshintergrund war noch selten die Rede – war freundlich. Es gab Autoaufkleber, auf denen stand: »Liebe Ausländer,
lasst uns mit diesen Deutschen nicht allein.«

Egal, ob dieser Parteitag in Mülheim oder Kiel, Dortmund
oder Bremerhaven stattgefunden haben würde, irgendwann
wäre ein Arbeiterfunktionär vom alten Schlage aufgestanden
und hätte erzählt, dass sein Stadtteil – ohnehin der Stadtteil mit
den größten sozialen Problemen – zu »kippen« drohe. Die wenigen Industriearbeiter, die dort, nach dem Niedergang von Stahl,
Kohle oder Schiffbau, noch lebten, zögen nun fort. Es gebe tür-
kische Jugendgangs, Drogenhandel, Penner, wilde Müllhalden.
In manchen Klassen sitze kein deutsches Kind mehr. Vermieter
ließen ihre Wohnungen verkommen, Läden schlössen, die Polizei sei auf Einsätze in dem Viertel nicht scharf.

Angesichts der Tatsache, dass der Stadtteil immer noch die

besten SPD-Ergebnisse bei Wahlen hole, so würde der Genosse gesagt haben, erwarte er, dass der Parteitag jetzt mal den Zuzug von Ausländern begrenze. Denn so gehe es einfach nicht mehr weiter.

Nicht nur von Seiten der Jusos hätte es dann auf diesem Parteitag scharfen Protest gegeben.

Wer sich heute die sozialen Brennpunkte der Städte anschaut, wird eine kaum veränderte Lage vorfinden. Sicher, manche Viertel sind gentrifiziert worden, wie etwa Teile von Berlin-Kreuzberg. Andere aber, die nicht vom attraktiven Hauptstadtfaktor profitieren können, rutschen weiter ab. Dreißig Jahre lang sind Projekt- und Fördermittel in die fraglichen Bezirke geflossen, was zwar eine bemerkenswerte »Projektindustrie« zum Blühen brachte, interkulturelle Konflikte, Transferleistungsbezug, Kriminalität und Parallelwirtschaft aber nicht reduziert hat. Heute werden die sozialen Brennpunkte durch den Zuzug von Flüchtlingen zusätzlich belastet, weil es hier oft Wohnungsleerstand gibt.

Es ist vielerorts schwer zu sagen, ob es ohne die Projekte nicht noch viel schlimmer aussähe. Aber die Wende hin zu einem fröhlich integrierten Gemeinwesen haben sie offensichtlich noch nicht gebracht. Es ist nachvollziehbar, dass die Menschen, die dort schon immer wohnten, das alles als massiven Kontrollverlust erleben. Und dass sie dann allergisch auf ein »Wir schaffen das« der Bundeskanzlerin reagieren.

Die SPD hat aber auch nicht viel mehr zu bieten als ein »Wir schaffen das«. In vielen Städten, die vom Strukturwandel gebeutelt sind, hat sie jahrzehntelang regiert. In Nordrhein-Westfalen, wo im Ruhrgebiet die tatsächliche (und nicht nur die relative) Kinderarmut zunimmt, stellte sie mit kurzen Unterbrechungen die Landesregierung.

Die Reaktion auf den wachsenden Unwillen in der Bevölkerung kann jetzt natürlich nicht darin bestehen, Stimmung gegen

Migranten zu machen und die Grenzen kategorisch abzuriegeln. Aber genaues Hinschauen ist nötig – und Ehrlichkeit: Wie steht es mit der Integration? Wie müssten Schulen ausgerüstet sein, materiell und mental, um Kinder mit Migrationshintergrund und Kinder aus desolaten deutschen Familien zu echter Teilhabe in der Mehrheitsgesellschaft zu befähigen? Um sie zu erziehen? Was ist sonst dafür nötig? Was wird es kosten? Können alle nach dem Schulabschluss lesen und schreiben oder können sie es nicht? Kann sich die Jugendhilfe in Familien durchsetzen, die kein erkennbares Erziehungsinteresse verfolgen? Reagieren die Gerichte angemessen?

Den Sozialdemokraten, die in Teilen von der Multikulti-Ideologie des vergangenen Jahrhunderts ebenso ergriffen waren wie die Grünen, wird diese Debatte nicht leicht fallen. Aber ernsthaft betrachtet geht es dabei um ihr Kernthema: sozialen Fortschritt.

Auch bei dem heiklen Thema »innere Sicherheit« hilft in diesem Zusammenhang nur Ehrlichkeit. Gerade dieses Feld wird ja gern von rechten Kräften genutzt, um die angeblich versagenden »Systemparteien« zu denunzieren, aber das ist eben kein Grund, das Sicherheitsbedürfnis der Bevölkerung zu ignorieren. Der damalige Noch-Parteivorsitzende Sigmar Gabriel legte erst nach dem Anschlag auf den Berliner Weihnachtsmarkt ein Sicherheitskonzept vor, obwohl seine Berater ihm das schon lange empfohlen hatten. Bei Martin Schulz war zunächst zu diesem Thema nicht viel zu hören. Aber ein Gefühl von Sicherheit – in den eigenen vier Wänden, den Straßen der Nachbarschaft, im eigenen Land – gehört zur sozialen Gerechtigkeit dazu.

Es gibt eine Facebook-Seite, auf der die vermeintlichen und tatsächlichen Straftaten »krimineller« Ausländer aufgelistet werden. Diese Liste speist sich aus Zeitungsmeldungen, aus echten, überprüfbaren Polizeimeldungen und womöglich auch aus bloßen Online-Gerüchten oder Fake-News-Seiten. Ihr Zweck ist klar: Sie soll gegen Flüchtlinge und Einwanderer Stimmung machen, und sie suggeriert, dass Medien, Polizei und Politik nicht die Wahrheit über »Ausländerkriminalität« sagen.

Dass in einem Land mit mehr als 80 Millionen Einwohnern jeden Tag Straftaten begangen werden, liegt auf der Hand. Ob sie überproportional häufig von Ausländern begangen werden, darüber sagt dieses digitale »Informationsangebot« allerdings gar nichts aus – es fehlen ja die Vergleichszahlen einheimischer Straftäter. Und die Seite differenziert auch nicht nach Flüchtlingen, Asylbewerbern, legalen und illegalen Migranten, Migranten mit deutschem Pass ... Es geht um die Warnung vor dem bösen Ausländer an sich.

Ich stieß auf die Seite, als ich 2016 für eine Zeitungsrecherche der Frage nachging, ob die Zahl der sexuellen Übergriffe auf Frauen und Mädchen in Schwimmbädern zugenommen hatte – ein Thema, passend zum Auftakt der Freibadsaison. Die Kölner Silvester-Ausschreitungen 2015/16 gegen Frauen lagen hinter uns, die Terroranschläge von Bayern und Berlin waren noch nicht passiert. Für die Recherche besuchte ich mehrere Sport- und Spaßbäder, ich sprach mit Bademeistern, Center-Managern, Bäder-Pressesprechern, Funktionären der Deutschen Gesellschaft für das Badewesen.

Relativ einhellig wurde mir berichtet, dass von den neu angekommenen Flüchtlingen wenig bis keine sexuellen Übergriffe ausgingen. Probleme, hieß es wieder und wieder, gebe es vor allem mit Menschen, die nicht schwimmen könnten und die die Gefahren des tiefen Wassers unterschätzten. Und mit Eltern, die ihre Dreijährigen ohne Schwimmflügel und unbeaufsichtigt am Schwimmbecken spielen ließen. Die Zahl der Wasserrettungen ist tatsächlich angestiegen.

Ich hielt meine Gesprächspartner für glaubwürdig, auch wenn Schwimmbadbetreiber natürlich in der Versuchung sein könnten, Schwierigkeiten herunterzuspielen, um ihre Gäste nicht zu verschrecken. Weil ich sie glaubwürdig fand, glaubte ich ihnen auch zwei weitere Dinge, die sie berichteten: Zum einen, sagten sie, sei die öffentliche Stimmung so hysterisch und aufgeheizt, wie sie es noch nie erlebt hätten. Sie würden anlasslos mit hasserfüllten E-Mails überschüttet. Formulierungen wie »Was tut ihr gegen Ausländer?« seien noch die menschenfreundlichste Form. Die Badeexperten erzählten aber auch eine andere Geschichte, eben die Geschichte misslungener Integration. Kinder und Jugendliche gerade aus hier lebenden arabischen und türkischen Familien seien häufig sehr schlecht erzogen; sie seien absolut nicht bereit, den Aufforderungen des Badepersonals Folge zu leisten – und die Eltern unterstützten sie in diesem Verhalten. Beschimpfungen der Mitarbeiter wie »Du Scheiß-Deutscher« und »Du Scheiß-Fotze« seien an der Tagesordnung. Auch Körperverletzungen kämen vor, deutlich häufiger als sexuelle Übergriffe. Solche Vorfälle würden zwar zur Anzeige gebracht, aber die Polizei könne wenig tun, die Verfahren würden schnell eingestellt oder gar nicht erst eröffnet.

Was soll man politisch dazu sagen? Vernünftiges Sprechen über das Problem, vernünftige praktische Lösungen müssten ja wohl auf einem Mittelweg stattfinden, müssten es einerseits vermeiden, Hysterie und blanken Rassismus zu bedienen, aber auch endlich die Integrations-, Sprach-, Verhaltens- und Erziehungsdefizite mancher Zuwandererkinder und junger Erwachsener (es sind praktisch ausschließlich Jungen und Männer) klar benennen. Und vor allem sagen, wie solche Defizite beseitigt werden können.

Schaut man sich allerdings einmal die Anträge zu den letzten Bundesparteitagen an, dann ist von Altlasten der früheren

Zuwanderung praktisch gar nicht die Rede. Und in Bezug auf die Flüchtlingskrise 2015 ist die Haltung ganz überwiegend geprägt von dem Wunsch nach Willkommenskultur, nach »barrierefreiem Zugang zu Arbeit und Beschäftigung«. Man ist für Familiennachzug und eine Stärkung der Rechte unbegleiteter Minderjähriger, für mehr »Menschenschutz statt Grenzschutz«, für eine »humane, gerechte, solidarische Flüchtlingspolitik«, für ein »Ende der Missbrauchsdebatten«, gegen »Kriminalisierung«, für ein »Bundesamt für Migration und Vielfalt«, für Abschiebestopps und Bleiberechte.

Dass die Aufnahme einer Million geflüchteter, aber zum Teil auch aus anderen Gründen zugewanderter Menschen eine beachtliche Herausforderung für die hiesige Gesellschaft darstellt, wird in der SPD kaum offensiv thematisiert. Sie scheint höchstens dort auf, wo mehr finanzielle Unterstützung der Kommunen durch den Bund gefordert wird – und mehr europäische Solidarität bei der Aufnahme von Flüchtlingen. Lediglich ein Antrag der Landesorganisation Hamburg setzt sich (auch) damit auseinander, dass es in der Bevölkerung berechtigte Ängste oder sogar Widerstand gegen eine völlig unkontrollierte Zuwanderung geben könnte. »Wir werden darauf bestehen, dass nicht nur Nahrung und Hilfsangebote, sondern auch unsere Werte weitergegeben werden«, heißt es dort: »Werte von Leistung und Zuverlässigkeit, die unsere Arbeitswelt prägen, freiheitliche Werte, von Selbstbestimmung und Respekt, die den Umgang mit Religion und Sexualität bestimmen, und politische Werte der Partizipation und Anerkennung von Opposition.« Von dieser Rhetorik lassen sich normal freundliche Bundesbürger mit Sicherheit leichter ansprechen als von einem Willkommenspathos, das die anstehenden Probleme schlicht ignoriert. Die kommenden Jahre sollte die Partei nun dringend und offensiv der Diskussion widmen, wie diese Werte durchzusetzen sind.

Der ehemalige Neuköllner Bürgermeister Heinz Buschkowsky, ein widerborstiger Sozialdemokrat, hat permanent auf Integrationsmängel hingewiesen. »Der Staat, also Polizei und Justiz, müssen Flagge zeigen und sich konsequent durchsetzen«, sagte er in einem *Welt*-Interview: »Das ist leichter gesagt als getan, wenn man sieht, wie nach jedem heftigen Vorfall die Einsatzkräfte auf der Anklagebank sitzen, weil sie das Bespucktwerden nicht mit einer Kugel Eis belohnt haben. Wir haben harte Strafandrohungen für Widerstand gegen Vollstreckungsbeamte. Haben Sie schon einmal von einem knackigen Urteil gehört? Ich nicht.« Der Angeklagte weine vor Gericht, sagt Buschkoswky, es tue ihm alles leid und im Übrigen habe die Polizei ihn provoziert. »Alle waren eigentlich friedlich, bis die Polizei kam. Dafür gibt es maximal ein Über-den-Kopf-Streicheln und vier Wochen auf Bewährung. Der reuige Sünder bekommt zu Hause fast einen Erstickungsanfall vor Lachen. Beim nächsten Zoff ist er in der ersten Reihe wieder dabei. So kommen wir nie weiter. Es muss eine klare Regel geben: Wer Polizisten körperlich angreift, fährt ein. Punktum«, sagt Buschkowsky.

Er ist kein primitiver Alle-einfach-wegsperren-Woller, er hat immer für seinen Bezirk gekämpft, sich mit seiner Verwaltung und unzähligen Integrationsprojekten gegen den Trend zur Parallelgesellschaft gestemmt. Einen wirklichen qualitativen Umschlag hat aber auch dieser Kampf nicht gebracht.

Klare Regeln

Immerhin belegen einzelne Erfolgsgeschichten wie etwa die Rückgewinnung der Rütli-Schule und ihr Umbau zum vorbildlichen Rütli-Campus, dass mit sehr viel Liebe, Mühe, Arbeit und Mitteleinsatz tatsächlich einiges zu erreichen ist. Auch der

Neuköllner Psychologe und Sozialarbeiter Kazım Erdoğan leistet mit seinem Verein »Aufbruch Neukölln« Beachtliches: Er bietet Trainings für männliche Migranten an, in denen sie lernen können, ein falsches Ehrverständnis abzulegen, sich an die Regeln eines zivilen Miteinanders zu halten und ein angemessenes Verständnis von den Rechten der Frauen zu entwickeln. Erdoğans Verein macht auch viele Angebote zur Sprachförderung – in der Erkenntnis, dass Sprache der entscheidende Schlüssel zum konfliktfreieren Zusammenleben ist.

Eine sozialdemokratische Integrationspolitik müsste heißen: Ein paar klare Regeln gelten. Wer in dieser Gesellschaft dauerhaft leben will, muss Deutsch sprechen, und zwar gut. Es ist selbstverständlich, dass man einen Schulabschluss und eine Ausbildung macht. Es ist selbstverständlich, dass Eltern ihre Kinder tatsächlich erziehen. Es ist selbstverständlich, dass man die Institutionen des Rechtsstaates respektiert. Es ist selbstverständlich, dass man keine Sozialleistungen missbraucht. Es ist selbstverständlich, dass Männer und Frauen gleichberechtigt sind, und das gilt auch zu Hause. Schulen, Rathäuser, Polizei und Gerichte müssen in dieser Frage am gleichen Strang ziehen.

Mit diesen Grundsätzen ist natürlich noch kein deutscher Satz gelernt, noch kein Schulabschluss geschafft. Aber bei der unendlich mühsamen Aufgabe, die Sprache wirklich gut beizubringen und die Erziehungskultur in den betroffenen Familien tatsächlich zu ändern, wäre es vermutlich schon hilfreich, wenn diese Regeln wenigstens keiner Relativierung ausgesetzt wären.

Im Zusammenhang mit dem Thema »Regeln« sind auch die Vollverschleierung und das »Kopftuch im Unterricht« zu sehen. Es gibt schlicht keine logische Konstruktion, mit der man herleiten kann, warum Frauen sich im Islam bedecken müssen und Männer nicht – außer, man akzeptiert irgendeine Form von Minderwertigkeit der Frau. Das ist aber mit dem Gleichheitsgrundsatz des Grundgesetzes absolut nicht vereinbar. Nun hat jeder das Recht und vor allem leider auch die Möglichkeit, zu Hause in seine eigene Unfreiheit einzuwilligen. Aber auch das ist nicht *gut*. Darüber dürfen wir streiten, und zwar offensiv. Darüber muss die SPD mit den Zuwanderern streiten. Es ist doch geradezu aberwitzig, dass Männer im Iran gegen die Unterdrückung ihrer Frauen protestieren, indem sie sich mit deren Kopftüchern verhüllen, während hier in weiten Multikulti-Kreisen die Akzeptanz von Burka und Kopftuch als Ausweis für Toleranz gilt. Es ist Toleranz, aber für das Falsche. Oder auch: einfach nur Gleichgültigkeit, weil man selbst nicht betroffen ist.

Starker Staat heißt nicht Rechtspopulismus

Auch die Erziehungsfrage ist ein Problem. Betrachtet man, wie die traumatisierten Kinder in den Flüchtlingsdauerunterkünften über Tische und Bänke gehen und wie deren Eltern dabei nicht eingreifen, dann weiß man, dass dort kein Integrationserfolg heranwächst. Es gibt in Deutschland keine Kindergartenpflicht. Es gibt sowieso zu wenige Erzieher und Erzieherinnen in den Unterkünften; die Ehrenamtlichen, die noch da sind, sind nach fast zwei Jahren im Einsatz oft ermattet und ohnehin nicht erziehungsberechtigt. Wenn die Unterbringung in Massenunterkünften andauert, dann ist eine Professionalisierung der Kinderbetreuung dort unumgänglich. Das kann eine Kindergartenpflicht bedeuten, die zum Beispiel an den Bezug bestimmter Sozialleistungen gekoppelt ist.

Die Rechtspopulisten und ihre Anhänger wollen oft ganz grundsätzlich das Fremde nicht, und das ist Ressentiment:

Jeder Mensch, der sich hier legal aufhält, hat das Recht, sich in Deutschland zu integrieren, sich an die hier gültigen Regeln zu halten und nach Glück und Erfolg zu streben. Aber wenn das so nicht geschieht, muss das Versäumnis benannt werden. Der Politikwissenschaftler Wolfgang Merkel schreibt dazu in einem Impulsreferat für eine Vorstandsklausur der SPD: »Trotz aller Schwierigkeiten lassen sich in der Integrationsfrage die Konturen eines sozialdemokratischen Narrativs zeichnen: Das sozioökonomische Auseinanderdriften der Globalisierungsgewinner und -verlierer muss gestoppt werden. Ein starker Staat äußert sich nicht nur als verlässlicher Rechtsstaat, sondern auch als Garant von sozialem Aufstieg und gleichen Lebenschancen für alle. Dies gilt nicht zuletzt auch für Flüchtlinge und Zuwanderer. Ihnen muss bei der Integration mit überproportionaler fiskalischer Unterstützung, notfalls auch mit *affirmative action* geholfen werden.«

Mit klaren Regeln Geld in die Hand nehmen – darauf läuft Wolfgang Merkels Empfehlung hinaus. Der Dialog mit vor allem selbstinteressierten Großverbänden helfe wenig: Auch die Mehrheitsgesellschaft müsse sich ändern. »Unverhandelbar aber sind die rechtsstaatlichen Positionen und kulturellen Werte einer offenen Gesellschaft. Das gilt gegenüber autochthoner Fremdenfeindlichkeit auf der einen wie der religiös begründeten Intoleranz gegenwärtiger Islamdeutungen auf der anderen Seite.«

Der Soziologe Armin Nassehi, Herausgeber des *Kursbuchs*, hat in seinem Essay »Wir brauchen eine loyale Opposition« in der *Frankfurter Allgemeinen Zeitung* darauf hingewiesen, wie wichtig diese Klarstellungen zur Integrationspolitik für die Demokratie sind: Denn etwas kann richtig sein, auch wenn es die falschen Leute aus falschen Motiven sagen. »Dass in fast allen europäischen Ländern rechtspopulistische Bewegungen oder Parteien drohen, ist unbestreitbar ein Krisenphänomen«, schreibt Nassehi: »Aber der Einwurf, dass sich darin womöglich demokratisch legitime Interessen verbergen, ist ebenfalls nicht von der Hand zu weisen.« Demokratie bestehe nicht alleine aus dem Mehrheitsprinzip, so Nassehi, sondern auch aus der politischen Möglichkeit, die Opposition loyal zu halten. Ein Parlament lebe von der Gegenrede: Deliberation sei nur möglich, wenn es Meinungspluralismus gebe. Was aber, wenn die parlamentarische Opposition mit der Regierung weitgehend einer Meinung ist? »Die rechtspopulistischen Bewegungen sind nicht nur aus normativen Gründen bedenklich«, schreibt Nassehi, »sie sind es vor allem deswegen, weil sie sich als Fundamentalopposition verstehen. Unter ihrem Dach versammeln sich all jene, die aus dem Mechanismus der loyalen Opposition herausgefallen sind. Sie protestieren nicht in und mit den politischen Institutionen, sondern gegen sie.«

Dass die Dinge vor allem an den Themen Einwanderung und Flucht eskalierten, habe damit zu tun, dass es offenbar nicht gelungen sei, *auch* die Skepsis gegenüber Einwanderung, *auch* die Bedenken gegen Pluralismus, *auch* die Frage nach Ängsten gegenüber der Auflösung traditioneller Milieus und die Frage nach Abstiegs- und Konkurrenzsorgen für ernst zu nehmende Fragen zu halten, meint Nassehi. »Am Ende bleibt dann nur noch die normative Hochnäsigkeit derer übrig, die sich nicht in die weniger pluralistischen Lebenslagen hineinversetzen können, oder aber die verzweifelte Kopie populistischer Motive.«

Weder normative Hochnäsigkeit noch Verzweiflungskopie können der richtige Weg für die SPD sein, die lange mit Entsetzen zuschaute, wie auch sozialdemokratische Wähler zur AfD drifteten. Man könne daraus lernen, dass die Demokratie womöglich mindestens so viel Handwerk und Praxis sei wie Bekenntnis und Werturteil, schreibt Nassehi.

Mit Bekenntnis und Werturteil hat die SPD noch nie große Probleme gehabt, das zeigt sich auch in der Ära Schulz. Aber was Handwerk und Praxis angeht: Hat sie die richtigen Kommunalpolitiker, die richtigen Abgeordneten, die richtigen Ministerpräsidenten? Die richtigen Leute im Parteivorstand? Ist sie in der Lage, die legitimen Anliegen aus der verstrahlten rechtspopulistischen Verpackung herauszuklauben? Das bleibt langfristig wichtig für den Zusammenhalt einer Gesellschaft, die heute, anders als der SPD-Vorsitzende es behauptet, noch lange nicht so gespalten ist, wie sie es im schlechten Fall sein könnte.

Auch für eine SPD-geführte Bundesregierung kommt es darauf an, das Integrationsproblem zu lösen. Ignorieren und Wegdefinieren würde nicht reichen, wenn sich die erste Freude über das Ende der Merkel-Jahre verflüchtigt hätte. Alltag findet nämlich jeden Tag statt. Und wenn sich der Alltag beharrlich nicht ändert, könnte das eintreten, was der SPD-Experte Franz Walter schon vor Jahren unter Bezugnahme auf Lev Gudkov, den Direktor des Moskauer Meinungsforschungsinstituts Lewada-Zentrum, »negative Mobilisierung« genannt hat. »Die Entstehungsbedingungen für diese negative Mobilisierung wurzeln im Statusverlust und Werteverfall ganzer Gruppen«, schreibt Walter: »Eine nahezu alle Menschen erfassende Orientierungslosigkeit macht sich breit, der Pessimismus wächst und schlägt in Defätismus um. Positive Ziele und konstruktive Hoffnungen auf ein besseres Leben sind demgegenüber rar. An Utopien glaubt niemand mehr. Die negative Stimmung kumuliert in einer zunächst ziellosen Aggression. Diese Aggression entfaltet durchaus eine integrative Wirkung, doch richten sich die diffuse Wut, ja der blanke Hass gegen konstruierte Feinde im Inneren und Äußeren, gegen Gruppen anderer Kulturen oder Ethnien, gegen einzelne, die aus dem Integrationsrahmen fallen. Zum großen Sinnstifter wird dann derjenige, der den Feind mobilisierungsträchtig identifiziert und dadurch eine solche Leidenschaft entfacht, dass die Massen in die Kampagne zur Vernichtung des propagandistisch dingfest gemachten Dämonen ziehen.«

Wer sollte besser wissen als die Sozialdemokraten, dass es zu einer solchen Entwicklung nicht (noch einmal) kommen darf.

11

Stimmungen in Deutschland

Orientierungslosigkeit, Pessimismus, Zynismus, Aggression, sowohl gegen Ausländer, Politiker, Journalisten, Akademiker im Allgemeinen als auch gegen Ungläubige und »Scheißdeutsche« gerichtet: Das prägte in der jüngsten Vergangenheit die öffentliche Stimmung in Deutschland in einem Ausmaß, das wir in der Bundesrepublik bisher nicht gekannt hatten. Und es deutet darauf hin, dass wir uns vielleicht schon mitten in der »negativen Mobilisierung« befinden, die der Politologe Franz Walter beschreibt.

Wenn die SPD dieser Entwicklung ein nachhaltig helleres Versprechen entgegensetzen will, das über die Bezugsdauer von Arbeitslosengeld hinausgeht, dann muss sie sich mit den politischen Gefühlen auseinandersetzen, die unsere Gegenwart prägen. Neben immer wieder aufflackernder Freundlichkeit und tätigem Mitgefühl (massenhaft sichtbar in der Flüchtlingskrise, aber auch unspektakulärer, jeden Tag, an tausend Orten, in tausend Nachbarschaften) sind das leider auch drei negative Gefühlszustände: Angst, Einsamkeit und explosionsfähige Wut.

Angst

Die SPD versteht sich so sehr als Fortschrittspartei und hat den permanenten Wandel stets so sehr begrüßt und propagiert, dass es ihr ausgesprochen schwer fällt zu akzeptieren, dass Menschen sich durch dauernde, schnelle Veränderung auch bedroht fühlen können. »Angst« ist den Sozialdemokraten schon deshalb suspekt, weil sie vermuten, sie führe direkt zu reaktionärem Verhalten. Und obwohl sie längst eine Mittelschichtspartei geworden ist, fällt es der SPD bis heute schwer, zu einer Mittelschichtsperspektive zu stehen.

Dabei sind die Deutschen für »Angst« ja so sehr Experten, dass die Angelsachsen »German Angst« als ironische Lehnformulierung benutzen. Langfristige Gründe für diese deutsche Disposition liegen vielleicht in den Erfahrungen der verspäteten Nationwerdung und der sich umstellt fühlenden europäischen Mittelmacht oder in der Erfahrung der politischen Wirren und des wirtschaftlichen Zusammenbruchs in der Zeit zwischen Erstem und Zweiten Weltkrieg. Vielleicht kann man den Deutschen freundlich nachsagen, dass sie sich nach dem letzten Krieg davor fürchteten, noch einmal so schrecklich zu werden, wie sie es in der nationalsozialistischen Katastrophe gewesen waren. Diese Angst vor dem, wozu man selbst schon einmal fähig war, hat dazu geführt, dass völkische und rassenideologische Überzeugungen in Deutschland jahrzehntelang nicht öffentlich artikulierbar waren. Sie waren geächtet, und die allermeisten Menschen wussten auch, dass das unverhandelbar war.

Diese Angst weicht langsam auf, wird sozusagen vermittelter: In dem Maße, in dem Menschen sich nicht mehr selbst an Totalitarismus, Krieg und Vernichtung erinnern können, müssen Eltern, Lehrer, Journalisten, Kulturschaffende die Weitergabe von Erfahrungen übernehmen. Sie konkurrieren dabei mit einem riesigen Angebot von großen fiktionalen Erzählungen: Diese reichen vom *Herrn der Ringe* über *Harry Potter* bis zu *Game of Thrones* und der gewaltigen digitalen Spielelandschaft. Grundsätzlich sollte das Nachlassen von Angst eine gute Sache sein; ausgerechnet in diesem einen Fall birgt es aber auch Gefahren, was man an zahlreichen neurechten Reden, verbalen und körperlichen Übergriffen tagtäglich beobachten kann.

Die Großängste der siebziger Jahre richteten sich auf den Atomkrieg und auf die zivile Nutzung der Atomkraft, auf sauren Regen, Waldsterben und das Ozonloch; etwas später kam noch die Gentechnik dazu. Autorinnen wie die Grundschullehrerin Gudrun Pausewang erschreckten Kinder mit vielgelesenen Untergangsgeschichten, die Titel wie *Die Wolke* oder die *Die letzten Kinder von Schewenborn* trugen und die nur starke Lesernaturen verkraften konnten.

Die Ängste dieser Zeit waren gewiss nicht unberechtigt, doch sie waren abstrakt, nicht so sehr auf den Einzelnen bezogen, sie stellten ein Gemeinschaftserlebnis mit anderen her. Vor dem Terrorismus der RAF hatten Menschen, die nicht zur klar definierten Zielgruppe der Terroristen gehörten, keine konkrete Angst – es wäre schon extremes Pech gewesen, in einen ihrer Anschläge hineinzustolpern. Für das politische, juristische und wirtschaftliche Spitzenpersonal sah das natürlich anders aus. Loki und Helmut Schmidt gaben einander das Versprechen, im Falle einer Entführung des jeweils anderen auf keinen Fall einer Freipressungsaktion inhaftierter RAF-Leute zuzustimmen. Und sie meinten das ernst. Ihr Mut und ihre Angst waren real, wie auch der Mut und die Angst vieler Personenschützer, Fahrer und Referenten. Aber die große Mehrheit der Deutschen musste um Leib und Leben nicht fürchten. Das ist heute, in Zeiten des willkürlichen dschihadistischen Massenterrors, etwas ganz anderes. Jetzt ist kein Weihnachtsmarkt sicher, kein Einkaufszentrum, kein Bahnhof.

In den achtziger und neunziger Jahren kam eine neue Furcht hinzu: Es war zunächst die ganz banale Angst um den eigenen Arbeitsplatz, die in Zeiten einer rasant ansteigenden Massenarbeitslosigkeit entsteht. Man mag die Details und manche unvorhergesehenen Nebenwirkungen von Schröders Agenda 2010 zu Recht kritisieren – aber es war die Ära Kohl, die 1998 mit fünf Millionen Arbeitslosen endete. Die »Generation Golf« (wie Florian Illies sie im gleichnamigen Buch nannte), also die in den späten sechziger und frühen siebziger Jahren Geborenen, wuchsen mit dem Gefühl auf, für den Arbeitsmarkt weitgehend überflüssig zu sein. Sie haben dieses Lebensgefühl leider an ihre Kinder weitervermittelt – obwohl die nun viel kleineren Geburtsjahrgänge aufgrund des demografischen Wandels wie von einem riesigen Staubsauger aufgesogen werden dürften.

Wenn, denn natürlich gibt es ein Wenn: *Wenn* ihre Qualifikation stimmt. Seit die göttliche Ordnung zu nichts mehr verpflichtet, seit die traditionellen Milieus keine Lebenswege mehr vorzeichnen, seit die Schulen und Universitäten so ausgebaut wurden, dass im Prinzip jeder Zugang zu formalen Bildungsabschlüssen haben kann, wird es mehr und mehr Schuld des Einzelnen, wenn er es zu nichts bringt. Es gibt immer weniger Entschuldigungsgründe, wenn einer keinen Erfolg hat. Und gleichzeitig wird Erfolg zum einzigen Maßstab – Charakter, Erfahrung, Freundlichkeit, Zuverlässigkeit zählen weniger, stören vielleicht gar die stromlinienförmige Haltung, die moderne Karrieren zu verlangen scheinen. Wer sich nicht optimiert – in der Bildung, bei der Arbeit, in der Liebe, beim Sport –, der darf sich nicht beklagen. Für alle, die nicht ganz so schnell, nicht ganz so zielstrebig, nicht ganz so rücksichtslos, die vielleicht schüchtern oder einfach nur höflich sind, nimmt das Leben unter diesen Bedingungen anstrengende, wenn nicht bedrohliche Züge an.

Aus den Wirtschaftswissenschaften sickerte im Laufe der vergangenen Jahrzehnte eine verstörende Ideologie in angrenzende Wissenschaftsbereiche und in die ganze Gesellschaft ein: Sie ist marktradikal, sie betrachtet Menschen als Ressourcen, sie hält

Zerstörung für kreativ und »Disruption« für ein Geschäftsmodell. Und das hehre Lied der Individualisierung – von Achtundsechzigern und Wirtschaftsliberalen in schöner Eintracht als Befreiungsarie geschmettert – übertönt die leiseren Wünsche nach Geborgenheit, nach Nähe, nach Heimat und Aufgehobensein. Nicht jeder empfindet permanenten Wandel als angenehm; nicht jeder Wandel ist ein Wandel zum Besseren. Dieses Gefühl von Verunsicherung greift Martin Schulz auf, wenn er sich gegen den »neoliberalen Mainstream« wendet.

Der amerikanische Soziologe Richard Sennett hat 1998 ein beeindruckendes Buch veröffentlicht, in dem er die Auswirkungen der neoliberal orientierten Unternehmenskulturen auf die Arbeitnehmer beschreibt. Es heißt *Der flexible Mensch. Die Kultur des neuen Kapitalismus*. Der englische Titel ist noch aussagekräftiger, er lautet: *The Corrosion of Character*. Und wie Arbeitsbedingungen den Charakter buchstäblich zerstören können, das schildert Sennett detailliert, in einer Wanderung durch ein zutiefst verunsichertes Amerika. »Heute wird der Begriff ›flexibler Kapitalismus‹ zunehmend gebraucht, um ein System zu beschreiben, das mehr ist als eine bloße Mutation eines alten Themas«, schreibt Sennett: »Die Betonung liegt auf der Flexibilität. Starre Formen der Bürokratie stehen unter Beschuss, ebenso die Übel blinder Routine. Von den Arbeitnehmern wird verlangt, sich flexibler zu verhalten, offen für kurzfristige Veränderungen zu sein, ständig Risiken einzugehen und weniger abhängig von Regeln und förmlichen Prozeduren zu werden.«

Als Sennett dies vor fast zwei Jahrzehnten feststellte, war noch nicht einmal vollkommen absehbar gewesen, welche weitere Zerstückelung der Arbeit und welche Verlagerung des ökonomischen Risikos auf den Einzelnen die Digitalisierung mit sich bringen würde. Heute arbeiten Menschen in Amerika wie in Deutschland im Dienste von Algorithmen, müssen ihre Arbeitszeit an vielen unterschiedlichen Stellen und portionsweise anbieten – die umstrittenen Uber-Taxis, die jeden Autobesitzer zum vermeintlichen »Unternehmer« machen, sind nur ein Beispiel dafür.

»Mit dem Angriff auf starre Bürokratien und mit der Betonung des Risikos beansprucht der flexible Kapitalismus, den Menschen, die kurzfristige Arbeitsverhältnisse eingehen, statt der geraden Linie einer Laufbahn im alten Sinne zu folgen, mehr Freiheit zu geben«, schreibt Sennett: »In Wirklichkeit schafft das neue Regime neue Kontrollen, statt die alten Regeln einfach zu beseitigen – aber diese neuen Kontrollen sind schwerer zu durchschauen.«

Der Charakter konzentriere sich auf den langfristigen Aspekt unserer emotionalen Erfahrung, schreibt Sennett, er drücke sich durch Treue und gegenseitige Verpflichtung aus oder durch die Verfolgung langfristiger Ziele und den Aufschub von Bedürfnissen um zukünftiger Zwecke Willen. Aber wie sollen Menschen Charakter entwickeln in einer Arbeitswelt, in der Erfahrung zunehmend als Hindernis betrachtet wird; in einer Warenwelt, in der es den (potenziell ruinösen) Sofortkredit gibt; und in einer Liebeswelt, die immer noch etwas Besseres bereitzuhalten vorgibt?

Kein Wunder, dass die Marktteilnehmer sowohl oberflächlicher als auch ängstlicher werden. Und es ist ja auch nie einfach: In Deutschland hat zum Beispiel die unbegründete Befristung von Arbeitsverhältnissen fast sicher dazu beigetragen, dass mehr Beschäftigung entstanden ist. Aber die befristeten Arbeitsverhältnisse, überhaupt die Erfahrungen, die die »Generation Praktikum« mit dem Berufseinstieg macht, schüren ein Klima der permanenten Unsicherheit.

Was also tun? Eine rot-rot-grüne Mehrheit suchen und alles daran setzen, Befristung und Werkverträge zu verbieten? Dafür

kann man argumentieren, besonders in Zeiten des Fachkräftemangels, in denen die Position der Arbeitnehmer ganz von selbst
stärker wird, jedenfalls wenn sie es schaffen, sich in Gewerkschaften zu organisieren. Das muss die SPD ausdrücklich unterstützen. Genauso wichtig ist es außerdem, sich Unternehmenskulturen von innen anzuschauen – und immer wieder einen
(selbst)kritischen Blick darauf zu werfen, was eigentlich der Staat
als Arbeitgeber veranstaltet. Das ist eine Aufgabe für sozialdemokratische Landesregierungen und SPD-regierte Kommunen.

Das Beispiel der höchst gelungenen groß-koalitionären Familienpolitik hat gezeigt, dass ein vergleichsweise kleiner Anreiz
wie die Vätermonate beim Elterngeld ausreicht, um sowohl die
Familien als auch die Erwartungen der Arbeitgeber grundle-
gend zu verändern. Braucht man nicht ein analoges Umden-
ken in allgemeinen Fragen der Zeitkultur im Erwerbsleben?
Sollte man nicht fragen, wie man das Überschwappen der ent-
grenzten Arbeit in alle Lebens- und Freizeitbereiche eindämmen
kann? Kann die – unvermeidbare – Diskussion über ein höhe-
res Renteneintrittsalter nicht verbunden werden mit einer viel
klarer zum Ausdruck gebrachten Wertschätzung für die Erfahrungen langjähriger Mitarbeiter? Es ist schwer zu sagen, wie so
etwas praktisch aussehen könnte, aber man kann schon den Eindruck gewinnen, dass politische Rhetorik und klare staatliche
Signale – siehe Familienpolitik – durchaus eine Wirkung auf private Unternehmenspolitik entfalten.

Außerdem müssen Kommunen, Länder und Bund ihre eigene
Praxis einer Inventur unterziehen: War wirklich jede Privatisierung der vergangenen zwanzig Jahre segensreich – für die
Beschäftigten wie für die Erledigung der Aufgaben? Werden
Schulen und Krankenhäuser besser geputzt, Parkanlagen besser
gepflegt, seit das von unterbezahlten Firmenangestellten geleis-
tet werden muss, die sich mit ihrer Aufgabe kaum identifizie-

ren, weil sie jeden Tag woanders eingesetzt werden? Kann man Unternehmen wirklich die willkürliche Befristung von Arbeitsverträgen vorwerfen, wenn man junge Lehrer vor den Sommerferien entlässt und sie danach wieder einstellt? Hat nicht der kontinuierliche Stellenabbau bei der Polizei, der gerade hastig korrigiert wird, dazu beigetragen, dass das Sicherheitsgefühl vieler Menschen beeinträchtigt ist? All das haben eben nicht nur böse Neoliberale zu verantworten, sondern auch Sozialdemokraten in Regierungsämtern.

Die Qualität der Infrastruktur, die Aufenthaltsqualität des öffentlichen Raumes ist für 95 Prozent der Bevölkerung wichtig. Darauf könnte sozialdemokratische Politik ganz entschlossen zielen – sie muss dann allerdings auch die Missstände in diesen Bereichen wahrnehmen. Sie muss sich *kümmern*, aber nicht nur um Transferempfänger, sondern um *gute* Mitarbeiter des öffentlichen Dienstes, die bei *guten* Arbeitsbedingungen für *gute* Infrastruktur und erfreuliche und sichere öffentliche Räume sorgen. Die Müllabfuhr darf, beispielhaft gesprochen, nicht nur die versiffte, illegal abgeladene Matratze von der Straße holen, für die ein formaler Beseitigungsantrag vorliegt. Sie muss ermächtigt werden, die drei weiteren Matratzen und den kaputten Fernsehapparat, die daneben liegen, ebenfalls mitzunehmen, ohne einen Auftrag. Für den Kampf gegen Verwahrlosung und *broken windows* wäre die gesellschaftliche Mitte dann gern bereit, ihre Steuern zu zahlen. Es gibt in der SPD erste Ansätze zu einer Rekommunalisierung öffentlicher Einrichtungen und Dienstleistungen, aber von einem erkennbaren Trend kann man noch nicht sprechen.

Ein Blick auf die Bundeswehr zeigt übrigens, dass auch die Rückabwicklung von Großmoden durchaus möglich ist: Sie hat inzwischen fast alle verselbständigten, in private Hand gegebene Unternehmen wie den IT-Service oder die Kleiderkammern wieder eingesammelt. Weil es einfach besser funktioniert. Das dürfte für viele andere Angebote auch gelten.

Der Soziologe Heinz Bude hat 2014 mit *Gesellschaft der Angst* und 2016 mit *Das Gefühl der Welt* faszinierende Zeitdiagnosen der Verhältnisse in Deutschland formuliert. In vielen Befunden ähnelt er Sennett, geht aber weit über die Untersuchung der Arbeitswelt hinaus.

Auch Bude beschreibt den Stress, der entsteht, wenn das Einzelschicksal nur mehr als Ausdruck der eigenen Entscheidungen wahrgenommen werden kann. Wenn eine Gesellschaft Gewinner nur noch prämiere, indem sie gleichzeitig Verlierer herabwürdige, drohe eine »postkompetitive Verbitterungsstörung«, schreibt Bude, der im Übrigen genau wie der Philosoph Hartmut Rosa von der politisch-medialen Klasse eine Sensibilität für die in der Gesellschaft vorherrschenden Gefühle verlangt. »Man kann niemanden davon überzeugen, dass seine Ängste unbegründet sind«, schreibt Bude, »Ängste lassen sich in Unterhaltungen darüber höchstens bilden oder zerstreuen. Voraussetzung dafür ist freilich, dass man die Ängste seines Gegenübers akzeptiert und nicht bestreitet.«

Ganz besonders verheerend sei es dabei, wenn Betroffene eines Zustandes oder einer Entwicklung sich bevormundet und übergangen fühlten, oder wenn das »angemaßte Wissen« von Entscheidungsträgern im Widerspruch zu ihrer eigenen Erfahrung stehe.

So lassen sich Eltern nun einmal nicht gern erzählen, dass »Inklusion« eine ganz tolle Sache sei – wenn sie gleichzeitig beobachten, wie ihr behindertes Kind in der Regelklasse völlig untergeht und kein Wort mehr spricht. Oder wenn ihre nur normal schwierigen Kinder vom verhaltensgestörten Inklusionskind total aufgemischt werden. Sie lassen sich nicht gern sagen, dass die Methode XY wirklich die aller-, allerbeste sei, wenn ihr leidlich begabtes Kind am Ende der dritten Klasse weder richtig lesen noch richtig schreiben kann. Sie glauben nicht an den Erfolg von Integration, wenn ihre Tochter vor der Disko von einer Türkengang angemacht worden ist – und sie wollen sich in diesem speziellen Fall auch nicht verbieten lassen, »Türkengang« zu sagen, obwohl die Mitglieder dieses speziellen Personenaufmarsches vielleicht deutsche Staatsbürger sind. Sie glauben nicht mehr so recht an innere Sicherheit, wenn bei ihnen schon zum zweiten Mal eingebrochen worden ist, oder wenn es ihnen keine Freude mehr macht, durch die dubiosen Obdachlosencamps in der Grünanlage zu joggen. Wer Ängste abbauen will, muss Tatsachen zur Kenntnis nehmen können.

Besonders sensibel ist vermutlich das Wohlergehen der eigenen Kinder, die kaum jemand als »motivationales Füllmaterial« für Probleme hergeben möchte, bei denen andere Eltern oder die Schulen versagen. Wenn nachhaltige Zweifel an der Leistungsfähigkeit der Schulen entstehen, kommt es zur Massenflucht in private Einrichtungen. Was den sozialen Zusammenhalt nicht stärkt.

Gerade Bildungspolitik ist aus rätselhaften Gründen so ganz besonders anfällig für Besserwisserei. Ein schönes kleines Beispiel dafür fand ich auf einem der zahllosen Berliner Empfänge; Gastgeber war ein Journalist aus dem Bildungsbereich. Nach dem offiziellen Programm bildeten sich um die Bar herum kleine Gruppen. Ich geriet in eine, in der sich mehrere Eltern schulpflichtiger Kinder versammelt hatten, die zufällig das Schicksal teilten, mit ihren Familien berufsbedingt von einem Bundesland ins andere umziehen zu müssen. Sie verglichen auf eine eher witzige und ziemlich unverbitterte Art den Irrsinn, dem man ausgesetzt ist, wenn man vom Herrschaftsgebiet des einen Lehrplans in den eines anderen wechselt; oder von G9 zu G8; oder von der einen Schulform in die andere. Mit dabei stand auch eine eher kompakte höhere sozialdemokratische Beamtin der Kultusministerkonferenz (KMK). Sie lauschte diesen Erzählungen mit skeptischer Miene und sagte schließlich, Derartiges habe sie wirklich noch nie gehört. Die Kultusministerkonferenz habe doch einheitliche Bildungsstandards beschlossen, da könne es solche Probleme gar nicht geben. Das war die SPD-Haltung zu den Themen »Angst« und »Wirklichkeit« in Reinkultur.

Heinz Bude zieht eine ziemlich deprimierende Bilanz. Noch für die Generation unserer Eltern sei es klar gewesen, dass Krieg und Vernichtung, zerstörte Familien und die »schlechte Zeit« hinter ihnen lagen. Für die heute Fünfzigjährigen und deren Kinder dominiere nun das Gefühl, dass der größte anzunehmende Unfall noch ausstehe.

Die SPD war immer eine realistische, reformistische Partei mit einem utopischen Überschuss. Die meisten wissen, dass unsere Gesellschaft ein besseres Versprechen braucht als den bis 22 Uhr geöffneten Mediamarkt. Aber es ist offenbar nicht leicht für die Partei, ein solches Versprechen für eine derart unübersichtliche Zukunft zu formulieren.

Einsamkeit

Wo die SPD lebendig ist, da gibt es eine Art sozialdemokratischen Jahreskalender: Der beginnt mit einem Neujahrsempfang und, je nach geografischer Lage, mehreren Karnevalssitzungen. Die Hauptversammlungen von Sport- und Siedlervereinen, im Vereinsheim, mit Buffet und Bier am Sonntagmorgen, sind oft fast lupenreine SPD-Zusammenkünfte. Auf jeden Fall gibt es den Ersten Mai, wo man nach dem Demonstrationszug und den Reden von Gewerkschafts- und Parteifunktionären bei Waffeln und Wurst zusammensteht. Die Geburtstage wichtiger

Genossen sind SPD-Partys, dann kommen Sommerfeste, Grill-versammlungen, typische Herbstessen und irgendwann sinken alle ermattet in die Weihnachtspause. Zwischendurch haben Kreis-, Landes- und Bundesparteitage stattgefunden, die oft mit »Parteiabenden« beendet werden.

Es ist also durchaus nicht so, dass in der SPD ausschließ-lich über Politik diskutiert würde; sie ist auch ein Geselligkeits-verein, in dem viel gefeiert wird. »Gute« Ortsvereine können Zulauf aus weniger interessanten Quartieren bekommen, und nicht immer liegt das an der Qualität der Anträge, sondern oft auch am Sozialleben. Wer schlau ist, macht das lästige Plakate-kleben im Wahlkampf zu einer Grillfete, dann sind die Helfer gleich ganz anders motiviert. Diesen Vereinsaspekt des Partei-lebens sollte man nicht gering schätzen, er kann in Zeiten der Vereinzelung der Menschen, der hochmobilen Singles, der ein-samen Alten von großer Bedeutung sein.

Einsamkeit ist ein stilles, aber bestimmendes Gefühl unse-rer Zeit. Gelebte Sozialdemokratie ist auch ein sozialer Entwurf gegen die Einsamkeit. Es ist natürlich nicht der erste politische Zweck der Partei, Leuten ein Zuhause zu bieten. Aber wenn es gut läuft, dann ist das Engagement in der SPD eine Praxis der Gemeinschaftlichkeit. Die Partei muss nur wieder lernen, die-ses Gefühl zu pflegen – und nach außen zu vermitteln. Und sie darf sich nicht davon irre machen lassen, dass das Internet das vermeintlich modernere Medium ist, um Menschen zu errei-chen. Menschen finden es immer noch attraktiv, andere Men-schen zu treffen.

Die ungeheure Popularität des Edeka-Weihnachts-Spots 2015 zeigte, wie sehr das Gefühl der Verlorenheit unsere Zeit prägt. Das aufwendig produzierte Filmchen zeigte einen einsamen alten Mann, für den seine große Familie auch am Heiligabend keine Zeit hat. Er ist so verzweifelt, dass er seine eigene Todesanzeige aufgibt – da strömen die schulderfüllten Kinder und Enkel herbei. Er überrascht sie lebendig, unter dem prächtig geschmückten Christbaum. Es gibt Champagner und Gänsebraten. »Wie hätte ich euch denn wohl sonst alle hierher bekommen?«, fragt er lächelnd und seufzend. Edeka.

Über den Spot wurde viel gestritten, auch in der *Welt*-Redaktion – ist unsere Gegenwart wirklich so gefühlskalt, ist der Alte ein egoistischer Manipulator, ist es in Ordnung, wie Edeka mit Schuldgefühlen Werbung macht? –, aber er traf den Nerv. Zu viele Menschen haben bei uns zu oft Angst, einsam zu sein. Und Einsamkeit kann leicht umschlagen in Verzweiflung oder Wut.

Schon statistisch betrachtet ist die Einsamkeit ein Trend. Da sind vor allem die alten Menschen: Mehr als 20 Prozent der Bevölkerung sind schon heute über 65 Jahre alt, 2060 wird es jeder Dritte sein. Mehr als fünf Millionen ältere Menschen leben heute allein, 800 000 in Pflegeeinrichtungen.

Viele andere Faktoren des modernen Lebens erhöhen das Einsamkeitsrisiko. Da ist zum einen die Lockerung der äußeren Familienstrukturen. Die Kinder der Achtundsechziger versuchten ihr Glück mit Ehe und Traditionsfamilie noch, zur Not unter Inkaufnahme von zwei, drei Scheidungen. Aber die, die heute jung sind, haben offenbar große Angst, sich überhaupt zu binden. Man könnte ja verletzt werden. Die Zahl der Singlehaushalte steigt und steigt: 11 Millionen waren es 1991, 16,4 Millionen sind es heute. Jede dritte Ehe wird geschieden; wie viele Trennungen Unverheirateter es gibt, darüber kann man nur spekulieren. Natürlich fühlt sich nicht jeder Single einsam und auch nicht jede Alleinerziehende – aber die Zahl von mehr als acht Millionen Menschen, die Online-Datingbörsen nutzen, spricht doch dafür, dass viele durchaus nach Nähe und Zweisamkeit suchen.

Dann ist da die Mobilität – immer weniger Berufstätige wohnen am gleichen Ort wie ihre Eltern oder Partner. Mehr als 17 Millionen pendeln täglich oder wochenweise, und die Entfernungen, die sie zurücklegen, steigen und steigen. Kinder verteilen sich über die ganze Welt; nicht umsonst fragt man sich heute bei jedem Unglück, jedem Terroranschlag, wo sich Kinder und Freunde von Kindern gerade befinden.

Stadtplaner unterscheiden bereits zwischen »Heimischsein« und bloßem »Übernachten«. Eigentlich braucht es dafür neue Formen des Wohnens, der Begegnung und Geselligkeit. Die alten, erprobten Freundschaften aus Schule und Studium zu pflegen, fällt ebenfalls schwer unter diesen Bedingungen, wenn einer in München lebt, einer in Bremen und einer in Berlin.

Hinzu kommen die Individualisierung und Flexibilisierung der Arbeitswelt: Bedeutete Homeoffice einst eine tolle neue Idee für die Vereinbarkeit von Familie und Beruf, so kann es heute für die viele Freien und Selbständigen auch »Hausarrest« heißen. Die Laptopträger in den Metropolen drängen doch nicht nur deshalb in die Szenecafés, weil sie wirklich Latte-Macchiato-süchtig sind. Sondern auch, um manchmal unter Menschen zu kommen.

Einsamkeit kann körperlich und seelisch krank machen, das belegen zahlreiche internationale Studien. Einsamkeit sei schlechthin *das* bestimmende Gefühl unserer Jahrzehnte, sagt der Psychiater und erfolgreiche Buchautor Josef Aldenhoff. Und Facebook & Co. seien keine wirksamen Gegenmittel. Vieles spricht dafür, dass die Verfügbarkeit von Smartphones das Problem der Einsamen nur noch verstärkt. Im Minutentakt können sie sich Bestätigung abholen: zur Not von völlig Fremden. Oder vom Partner, der seine Liebe nun im Fünf-Minuten-Takt nachweisen soll. Sie können. Aber sie müssen auch.

Niemand gibt Einsamkeit gern zu, sie ist fast wie ein Makel, denn man hat ja erfolgreich zu sein und erfolgreich heißt: beliebt. Freunde hier und Freunde da und potenziell immer etwas noch Besseres zu tun. Dieser Dauerstress kann nicht glücklich machen.

Auch wenn sich an vielen Bedingungen des mobilen, beschleunigten Lebens vielleicht nichts mehr ändern lässt: Könnten wir vielleicht wenigstens die Rhetorik überarbeiten? Sehr lange wurde im Gefolge der Achtundsechziger-Bewegung auf die Enge des traditionellen Familienlebens, auf Vereinsmeierei und spießige Parteiveranstaltungen herabgeschaut. So als sei alles andere besser. Tatsächlich gibt es natürlich schreckliche Familienfeiern und schreckliche Parteisitzungen, und dort möchte man nicht immer dabei sein. Aber ganz grundsätzlich könnte die SPD das, was sie an Gemeinschaftlichkeit noch zu bieten hat, heutzutage als attraktives Angebot herausstellen.

Was allerdings nicht funktioniert, ist dies: jedem neuen Mitglied schon von vorneherein den Eindruck zu vermitteln, dass die eigenen Veranstaltungen und Zusammenkünfte nichtswürdig seien. Es ist absolut kontraproduktiv, immer darüber zu jammern, dass nur so wenige Leute gekommen sind. Auf Ortsvereinssitzungen, bei Diskussionsveranstaltungen der SPD war das in den vergangenen Jahren jedoch die Standardklage. Und nicht alle Sitzungen der 10 000 Ortsvereine kann Martin Schulz persönlich besuchen, um die Genossen aufzuheitern.

Niemand ist übrigens gezwungen, an einem hässlichen und deprimierenden Ort zu tagen. Keine Sitzung muss drei Stunden dauern, keine. Es ist auch erlaubt, über alles zu diskutieren, was die Leute interessiert: Kein Gesetz der Welt zwingt einen Ortsverein, nur die Dinge zu erörtern, die sich im eigenen Stadtteil abspielen. Nützlich ist es allerdings, wenn man es schafft, die lokalen Dinge mit größeren politischen Prozessen in Verbindung zu bringen. Grundsätzlich dürften Sozialdemokraten an der Basis einfach das tun, was ihnen Spaß macht – und sich die Freude darüber auch anmerken lassen. Jusos, die im Sommer sonntags ein regelmäßiges Grillen auf dem Unicampus und im Winter ein Treffen an einer Punschbude abhalten würden, hätten vermutlich großen Zulauf. Auch viele Studierende sind allein, gerade am Wochenende.

Natürlich kann man einwenden: Mit jungen Leuten ist es immer leichter. Das stimmt sicher. Aber auch ältere Parteimitglieder haben keinerlei Verpflichtung, missgelaunt in den häkelgardinenbewehrten Hinterzimmern der Gewerkschaftshäuser zu sitzen. Vergnügen haben an dem, was man selbst tut, und tun, woran man Vergnügen hat: Das geht in einer Partei mit 440 000 Mitgliedern sogar sehr gut. Man muss sich nur trauen.

Wut

Früher war es bei den Jusos durchaus üblich zu sagen, man sei »wütend und traurig« bei dem Gedanken an verhungernde Kinder, Militärjuntas, generell an das Elend in der Welt. Diese Trauer und diese Wut, die zweifelsohne auch bei Spontis und Grünen, etwas weniger vielleicht bei Hardcore-K-Gruppen empfunden wurden, hatten in den meisten Fällen nicht sehr viel mehr als Resolutionen zur Folge, die irgendein Gremium beschließen musste, ohne dass die geschundenen Menschen davon sonderlich viel gehabt hätten. Aber dennoch: Es war die Bereitschaft, sich mit dem Schicksal anderer zu beschäftigen und sich zu *quälen*.

Diese Bereitschaft scheint heute auch bei freundlichen linksliberalen Menschen rückläufig, und das ist gut zu verstehen: Die modernen Medien spülen uns so viel Leid und Kummer auf die persönlichen Endgeräte, wogegen wir rein gar nichts tun können, dass die einzige Überlebensstrategie darin zu bestehen scheint, dass wir wegsehen. Davon *absehen*. Das eigene Leben irgendwie halbwegs anständig auf die Reihe bekommen. Außerdem bricht sich auch bei freundlichen Linksliberalen die Ahnung Bahn, dass Deutschland eine Million Geflüchtete gut verkraften kann, vielleicht auch zwei oder fünf – aber ganz gewiss nicht die 65 Millionen, die nach Schätzung des UNHCR weltweit auf der Flucht sind. Irgendwo zwischen einer und 65 Millionen muss es eine Grenze geben.

Die Angst von heute richtet sich eher darauf, dass es 65 Millionen Menschen, die vor Hungertod, Krieg und Verfolgung oder einfach vor einem erbärmlichen Leben fliehen, irgendwann vollkommen egal sein könnte, ob wir sie haben wollen oder nicht. Man kann auf diese Angst gar nichts Beruhigendes antworten, sie ist realistisch.

Sind es diese Endzeitahnungen, die die Wut in westlichen Demokratien auslösen? Die den Brexit ermöglicht haben und Donald Trump ins Weiße Haus brachten? Die auch bei uns den Hass auf »Eliten«, »Experten«, »die« Politiker und »die« Lügenpresse schüren? Was treibt Menschen zu Pegida-Märschen, bei denen Puppen der Bundeskanzlerin und des Vizekanzlers herumgetragen werden, die an Galgen aufgehängt sind? Was bringt sogenannte Reichsbürger dazu, Waffen zu horten und auf Polizisten zu schießen? Was geht in Männern vor, die nachts um halb drei hasserfüllte E-Mails versenden?

Die Wut ist keine schöne politische Kategorie, aber sie ist eine Tatsache. Es geht nicht darum, sie zu entschuldigen. Aber man muss ihre Ursache verstehen wollen. Ist es das fehlende Zukunftsversprechen? Die Tatsache, dass der Job keine Perspektiven bietet und die Ehefrau gegangen ist? Der Verlust von Gemeinschaft in Gemeinde und Betrieb? Der böse Mensch, der das Nachbarhaus im brandenburgischen Dorf gentrifiziert hat? Der Fremde? Eine Mischung aus allem?

Man kann wohl sagen, dass die Wut überwiegend, wenn auch nicht ausschließlich, eine männliche Wut ist.

Man kann definitiv sagen, dass die Chance, sich im Internet anonym zu äußern, diese überwiegend männliche Wut auf ungeahnte Weise vervielfältigt hat.

Norbert Elias hat beschrieben, wie westliche Gesellschaften lernten, ihre Affekte zu unterdrücken, sich höflich, gesittet, distanziert und friedlich zu verhalten. Der Prozess der Zivilisation führte für Elias vom »Fremdzwang« zum »Selbstzwang«. Leider ist der Weg nicht unumkehrbar. Die SPD muss für den »Selbstzwang« eintreten, für das Prinzip der Zivilisation. Es ist dramatisch wichtig, dass ihre Repräsentanten – egal, ob auf der Straße oder in der Talkshow – fachlich so sattelfest sind, dass sie Verschwörungstheorien oder AfD-Viertelwahrheiten argumentativ aushebeln können. Es hat keinen Sinn, immer sofort die Nazikeule zu schwingen, das lässt die Demokraten nur schwach erscheinen. Im Prinzip war es auch absolut richtig von Sigmar Gabriel, mit Pegida-Leuten zu reden. Man muss den Leuten, die ihre Wut zum Lebensstil machen, auf die Pelle rücken. Man muss ernst nehmen, was man daran ernst nehmen kann, und den Rest muss man bekämpfen. Was auf keinen Fall weiterhilft, ist eine Haltung von Überheblichkeit, die in Wirklichkeit nur eins ausdrückt: Sprachlosigkeit. Olaf Scholz hat in seinem bereits zitierten Papier zum Umgang mit der AfD einen überzeugenden Versuch gemacht, in einer Zeit starker und negativer Stimmungen Argumentationshilfen zu geben. Martin Schulz hat in seiner Antrittsrede das Wort »Respekt« als zentralen Begriff verwendet und damit das Gefühl vieler Menschen aufzugreifen versucht, die sich nicht gesehen und eben nicht respektiert fühlen. Frank-Walter Steinmeier zitierte in seiner ersten großen Rede als Bundespräsident ausdrücklich den Soziologen Heinz Bude und setzte sich mit der Stimmungslage seiner Mitbürger auseinander. Es ist gut, dass die nachdenklichen Teile der SPD-Spitze sich vorbildhaft mit diesem Thema beschäftigen, denn an der Basis – und die schließt in diesem Fall oft Landtags- und Bundestagsabgeordnete mit ein – ist man meist immer noch verblüfft und beleidigt darüber, dass die Wählerinnen und Wähler den doch so deutlich erkennbaren guten Willen der Sozialdemokraten nicht honorieren. Dieser Zustand wird sich aber nur bessern lassen, wenn sich die SPD auch für Wahrnehmungen öffnet, die ihr gegen den Strich gehen.

12

Härter gegen Sozis? Die Medien und die SPD

Für Journalisten ist es meist schwer bis gar nicht zu begreifen, aber es ist eine Tatsache: Sozialdemokraten fühlen sich von den Medien oft besonders schlecht behandelt. Der Vorsitzende der Friedrich-Ebert-Stiftung, der ehemalige SPD-Vorsitzende und rheinland-pfälzische Ministerpräsident Kurt Beck, formuliert es so: »Die SPD kann machen was sie will, es ist immer verkehrt.« Und auch wenn ich meine eigenen Empfehlungen an die Partei reflektiere, muss ich zugeben: So ganz unrecht hat er da nicht. Wir Journalisten wissen halt alle so gut Bescheid.

Beck hat bittere Erfahrungen mit einer arroganten Hauptstadtpresse gemacht, die in ihm nur den tumben Provinzler, den Nicht-Akademiker von mangelnder Weltläufigkeit, den ungeschliffenen Traditions-Sozi sehen wollte – was er alles nicht ist. Und was für eine Häme, als er auf einer Reise durch Afghanistan sagte, um das Land jemals zu befrieden, müsse man auch mit gemäßigten Taliban reden! Heute ist Afghanistan das Gegenteil von friedlich – und die afghanische Regierung und internationale Vermittler suchen händeringend nach gesprächsbereiten Taliban. Hat eigentlich irgendjemand Beck mal nachträglich Recht gegeben?

Ich habe fast zwanzig Jahre lang in Zeitungsredaktionen gearbeitet – in Kiel, in Hamburg und in Berlin –, und meine persönliche Wahrnehmung ist: Ja, es gibt bei Journalisten eine

Tendenz, die SPD härter zu beurteilen als alle anderen Parteien. Das mag zum einen daran liegen, dass zumindest die meinungsmachenden Journalisten der Leitmedien Angehörige der oberen Mittelschicht sind und die eigenen Interessen bei FDP, Grünen oder Union schlicht besser aufgehoben sehen. Was völlig legitim wäre, wenn sie sich diesen Umstand bei ihrer Berichterstattung bewusst machten. Das tun aber nicht alle.

Es gibt eine Reihe von Beispielen für eine relativ eindeutig SPD-feindliche Berichterstattung. Da wäre zum Beispiel das Fernsehduell zwischen Angela Merkel und Gerhard Schröder im September 2005. Ich selbst sah es in einem SPD-Umfeld, und wie 100 Prozent meiner Mitzuschauer dort war ich der Meinung, dass Gerhard Schröder gegenüber einer vollkommen farblosen Herausforderin ganz klar gesiegt hatte. Am nächsten Morgen stellte sich heraus, dass die Hälfte der 21 Millionen Zuschauer das ebenso sah. Nur ein gutes Viertel beurteilte Merkel als Siegerin. Mir fielen fast die Ohren ab, als mir meine Kollegen aus dem Politikressort nahezu einstimmig erklärten, dass selbstverständlich Merkel gewonnen habe. Hatte ich ein anderes Programm gesehen als sie? War ich parteipolitisch so verbohrt, dass ich die Wirklichkeit nicht adäquat wahrnehmen konnte?

Hauptstadtjournalisten, Großkommentatoren und Demoskopen waren sich wahnsinnig einig: Mit großer Mehrheit erklärten sie Merkel zur »relativen Siegerin« (der damalige Emnid-Chef Klaus-Peter Schöppner), weil sie nicht so schlecht gewesen war, wie man vorsichtshalber befürchtet hatte. Die Verliererin hatte gewonnen: eine erstaunliche Umwertung, nur dass kein totalitäres »Wahrheitsministerium« am Werk gewesen war, sondern die freie, der Aufklärung verpflichtete deutsche Presse.

Die Sozialdemokraten waren nach Schröders überhasteter Neuwahlentscheidung ohnehin in einem sehr schlechten Zustand; viele hatten nun den Eindruck, jetzt solle dem Kanzler –

dem Verursacher ihres Problems, aber auch ihrem einzig möglichen Retter – auf unfaire Weise der TV-Sieg genommen werden. Das nachzuempfinden, fiel vielen Journalistenkollegen extrem schwer. Wofür ihnen das Verständnis fehlte, das erschien anderen als böswillige Parteilichkeit. Aber man brauchte gar keine Verschwörungstheorie, um die mediale Einheitsfront zu erklären. Die mörderische Beschleunigung der Berichterstattung reicht schon aus. Gedanklich spielen Redakteure die politischen Entwicklungen oft schon so früh durch, dass sie gelangweilt sind, wenn die Dinge dann tatsächlich eintreten.

So war es im ganzen 2005er-Wahlkampf. Die meisten Blätter – von *Stern* bis *Welt*, von *Bild* bis *Frankfurter Allgemeine Zeitung* – taten von Anfang an so, als sei die Sache ausgemacht. »Angela Merkel wird Kanzlerin«, hieß es, ohne jeden Hauch von Fragezeichen oder Konjunktiv, in der *Zeit*. Der *Spiegel* ging sogar noch einen (irren) Schritt weiter und widmete sich schon einmal detailliert den Fehlern, die die neue Amtsinhaberin sicher machen werde. »Reformerin Light« hieß die Titelgeschichte und suggerierte, Merkel werde nicht hart genug sparen, kürzen, streichen. Die Kandidatin selbst musste zart darauf hinweisen, dass man für ein politisches Programm auch eine Mehrheit braucht.

Diese Art von wählervergessener Berichterstattung ist dann in der Tat genau das, was die *Bild*-Zeitung in großer Offenheit über die Konterfeis jener Chefredakteure schrieb, die nach dem TV-Duell in ihrer Mehrheit die CDU-Chefin bejubelten: Meinungsmache von den »Meinungs-Machern«.

Für entschiedene Union-/FDP-Wähler mag diese Merkel-Medien-Front 2005 angenehm gewesen sein. Man liest ja gern, was man selbst für richtig hält. Aber alle anderen, und die gab es ja, mussten sich frustriert fühlen: Sie, ihre Ansichten, kamen praktisch nicht vor. Dreißig Prozent der Wahlberechtigten sagten schon damals dem Institut für Demoskopie Allensbach, ihnen sei der Wahlausgang »ziemlich egal«. Sechzig Prozent identifizierten sich mit der Aussage: »Man verliert allmählich jedes Vertrauen in die Politik. Ich mache mir wirklich Sorgen, wie es mit Deutschland weitergehen soll.«

Wer sich heute über Politikverdrossenheit und Medienablehnung (»Lügenpresse«) wundert, der könnte am Kanzlerduell von 2005 einen Anfangsverdacht festmachen. Die Medien spielten da Angela Merkels Strategie der »asymmetrischen Demobilisierung« (also einer präsidialen Amtsführung, die Konflikte mit dem politischen Gegner vermeidet und es ihm auf diese Weise schwer macht, die eigenen Anhänger zu mobilisieren) bereits mit: Warum soll ein SPD-Angehöriger zur Wahl gehen, wenn er den Eindruck hat, die eigene Partei sei chancenlos und seine Anliegen auch bei der CDU-Kanzlerin gut aufgehoben? Dabei war vor der Wahl durchaus nicht ausgemacht, dass die schwarz-gelbe Umfragemehrheit, Grundlage so vieler redaktioneller Planspiele, wirklich zustande gekommen wäre. »Die Wähler haben – anders als viele Experten – mit der Kanzlerschaft Gerhard Schröders noch nicht abgeschlossen«, sagte Gerhard Hilmer, damals Chef des Meinungsforschungsinstituts Infratest Dimap und heute Leiter des Politikberatungs- und -forschungsinstituts policy matters. Eine deutliche Mehrheit hätte 2005 lieber Schröder als Merkel im Kanzleramt gesehen. Der Vorsprung für Schwarz-Gelb schmolz kurz vor der Wahl; die SPD war leicht im Aufwind.

Auch das könnte ein Grund für die journalistische Offensive in Richtung der noch Unentschlossenen gewesen sein, die nach dem Duell mehrheitlich zu Schröder neigten. Dann allerdings hätten manche Journalisten definitiv Politik gemacht. Wäre das ihr Job gewesen?

Im Wahlkampf 2009 verlief das Spiel etwas anders, diesmal lehnten sich die Kommentatoren komplett zurück und sagten: Na, mal sehen, was »den« Politikern so einfällt, um uns zu unterhalten. Das Kanzlerduell zwischen Angela Merkel und ihrem Vize Frank-Walter Steinmeier verlief einigermaßen gesittet, wurde allerdings – von Journalisten – grauenhaft moderiert. Daraufhin erklärte die *Frankfurter Allgemeine Zeitung* die Veranstaltung zum »längsten Abend«, die *Bild* höhnte »Yes, we gähn«, Lokalzeitungen landauf, landab druckten die alberne Alliteration »Duett statt Duell« – so, als seien nicht ganz unterschiedliche Politikangebote vorgetragen worden. Beim Mindestlohn (heute Gesetz), bei Managergehältern, in der Steuerpolitik, in Sachen Atomausstieg (das hat Merkel inzwischen glattgezogen), bei der Zukunft der Krankenversicherung. Alles nicht wichtig? Gerade hier die Unterschiede herauszuarbeiten, auch wenn es um Nuancen ging, wäre die Aufgabe von Moderatoren wie Kommentatoren gewesen.

Der Wahlkampf 2009, Wahlkampf im Zeichen der dramatischen Wirtschafts- und Finanzkrise, war den Medienschiedsrichtern nicht aufregend genug. Von »Autismusverdacht«, »Valiumwahlkampf«, »Nullkampagne« und »Einheitsbrei« war zu lesen. Die beiden gigantischen Konjunkturprogramme von 50 und 30 Milliarden Euro (für Straßen, Schulen, Kindergärten, energetische Gebäudesanierung, Abwrackprämie, Krankenkassenbeitrags- und Einkommensteuersenkung, Kurzarbeitergeld und so weiter) tat die *Berliner Zeitung* als »zwei kleine Paketchen« ab. In der *Frankfurter Allgemeinen Sonntagszeitung* barmte ein Feuilletonist in Richtung Politik: »Nehmt uns endlich ernst!«

Wir Wähler, lautete der Grundtenor dieser Berichterstattung, haben ein Recht darauf, dass ihr Politiker für uns, das Volk, tanzt. Aber Journalisten sind nicht »das Volk« (wie Teile des aus vielen Teilen bestehenden Volkes heute auch unmissverständlich klar machen). Journalisten haben kein Recht, sich in der Gruppe »wir Wähler« zu verstecken. Die Presse genießt Privilegien, ihre Aufgabe ist es, jene kritische Öffentlichkeit herzustellen, ohne die die Demokratie nicht funktionieren kann – sie genießt sie nicht, um ihre Kunden gegen diese Demokratie aufzuhetzen.

2013 war die Sache für viele Journalisten dann wieder viel saftiger, denn wo Angela Merkel konsequent auf ihrer programmatischen Vagheit beharrte und die Kunst der asymmetrischen Demobilisierung in neue Höhen führte, war der SPD-Kanzlerkandidat ja ein richtiger Mensch mit Ecken und Kanten und wohl erwogenen, auch in Büchern publizierten Meinungen und Einsichten.

Eigentlich hätten die Medien Peer Steinbrück lieben müssen. Er ist schnell, schlagfertig, ehrlich und witzig; er ist kein Apparatschik und kein Parteisoldat. Langweilig ist er schon gar nicht. Aber als Kandidat wurde ihm all das, was an ihm wohltuend unpolitikerhaft ist, plötzlich als Makel ausgelegt – als Arroganz, als Dünnhäutigkeit, als irgendwie irritierende Nonkonformität. Kann es sein, dass Journalisten, die sich immer so sehr »authentische« Politiker wünschen, in Wahrheit mit Authentizität überfordert sind? Dass sie so sehr Teil des politisch-medialen Spiels sind, dass sie sauer werden, wenn einer die Regeln verletzt oder ihre eigene Rolle thematisiert?

Steinbrück wurde das Opfer einer systematischen *character assassination*. Pinot Grigio, Kanzlergehalt, Online-Berater, Eierlikör, *SZ*-Foto-Session: Nichts war richtig. Den ungeheuerlichsten Angriff auf einen integren und klugen Mann hat Dirk Kurbjuweit im *Spiegel* geschrieben, »Ansichten eines Clowns« hieß sein Vernichtungsporträt über Steinbrück. Der sozialdemokratische Politikwissenschaftler Thomas Meyer hat den unsäglichen Artikel unter der Überschrift »Schmutzige Psychologie« analysiert. Kurbjuweit, schreibt Meyer, maße sich – wenige Tage vor der Wahl – die Diagnosekompetenz eines Psychoanalytikers an:

»aufgrund einer defekten Persönlichkeit und politischer Indolenz leider als Kanzler gänzlich ungeeignet.«

Kurbjuweit schreibt, der Kandidat sei ein »Clown«, ein »Schauspieler«, ein »ironischer Narziss«, dem es kaum einmal gelinge, »zehn Minuten lang ernst zu bleiben«. Er zeige unkontrollierte Aggressionen. Eine Gefahr für das Land.

Sigmar Gabriel war permanent ähnlichen Anfeindungen ausgesetzt. Die Klischees über ihn standen relativ schnell fest, schon als er in Niedersachsen um die Wiederwahl als Ministerpräsident kämpfte und verlor: witzig und schnell, aber sprunghaft und wankelmütig; unter Druck viel zu reizbar; ewig unglücklich mit seinem Gewicht, aber auch so undiszipliniert. Dafür hat Gabriel als SPD-Parteivorsitzender erstaunlich lange durchgehalten. Dass jemand unter derartigem Druck mitunter aggressiv reagiert, kann eigentlich niemanden wundern. Das Problem ist nur, dass Gabriel mit seinen politischen Positionen eben tatsächlich zu oft zu fahrlässig umgegangen ist. Dass die Leute ihm offenbar – vielleicht leider, vielleicht zu Unrecht – wirklich nicht trauten. Die Medien waren voreingenommen gegen Gabriel, ja klar, und das war unfair. Aber irgendwann war er so weit, dass er sich die harsche Kritik verdiente.

Einen Blick sollte man noch auf diejenigen Journalisten werfen, die regelmäßig über die SPD berichten. Sie sind in der Regel nachsichtiger mit der Partei als die Leitartikler in ihren Redaktionen. Der bereits erwähnte Peter Dausend berichtet für die *Zeit* über die Sozialdemokraten, und er tut dies mit Empathie, Witz und Schmerz. Der Doyen der SPD-Berichterstattung bei der *Frankfurter Allgemeinen Zeitung* ist Günter Bannas, der einem abends an der Bar immer noch fast mit Tränen der Rührung in den Augen erzählen kann, wie die ganz junge, gerade gewählte Juso-Vorsitzende Andrea Nahles in Bonn an die Tür des *FAZ*-Büros klopfte und sich einfach nur mal vorstellen wollte. Seither kommt, wer Andrea Nahles verstehen will, um Artikel von Günter Bannas nicht herum. Der zweite SPD-Korrespondent der *Frankfurter Allgemeinen* ist Majid Sattar. Auf Grundlage reiner Textexegese kann man vermuten, dass er sich noch nicht allzu sehr in irgendwelche emotionalen SPD-Verstrickungen hat hineinziehen lassen. Er betrachtet die Partei wie einen sehr seltsamen, nicht unbedingt sympathischen Käfer unter dem Mikroskop. Er würde so einem wertvollen Käfer nichts antun, aber er würde auch nicht für ihn Partei ergreifen.

Christoph Hickmann von der *Süddeutschen Zeitung* hingegen bekannte sich 2016 offen zu seinem Mitgefühl: »Bei der SPD reiht sich ein Desaster an das nächste«, schrieb er, »wer dauerhaft darüber berichten muss, könnte glatt selbst verzweifeln«. Und dann schilderte er so einfühlsam die ganzen Peinlichkeiten und Selbstverletzungen der SPD, auch die ganzen Ungerechtigkeiten, die sie immer wieder erleiden musste, dass man gar nicht wieder aufhören konnte zu lesen. »Im Freundes- oder Familienkreis sowie auf Partys wird man zum entschlossenen Verteidiger der SPD, wenn dort mal wieder über deren erbarmungswürdigen Zustand hergezogen wird. Nein, sagt man dann, so werde man dieser Partei nicht gerecht! Da seien wirklich gute Leute dabei, denen es um die Sache gehe, die etwas auf dem Kasten hätten, und überhaupt, wo stünde dieses Land ohne die SPD?«

Und dann, schrieb Hickmann, dann passiere wieder irgendwas: »Dann gibt Sigmar Gabriel ein leichtfertiges Interview, aus dem sich die nächste Vorsitzendendebatte entwickelt, die sich zu einem erbitterten Flügelstreit auswächst, der vor dem Parteitag zu eskalieren droht, woraufhin die Antragskommission eingreift und nur noch die Frage ist, welches Ventil sich der Parteitag diesmal suchen wird.«

»Bei der nächsten Party«, schreibt Hickmann, »hält man dann die Klappe«.

Bei der *Welt* führt Daniel Friedrich Sturm als exzellenter Kenner die SPD-Geschäfte. Auch er fühlt mit manchen Sozialdemokraten, während andere ihn in den Wahnsinn treiben. Viele Leser glauben, dass Hans Monath vom *Tagesspiegel* bei den Jusos gewesen sein muss, so kenntnisreich wie er schreibt. Aber man weiß es nicht.

All den zuständigen Journalisten stehen spannende Jahre bevor, denn noch ist vollkommen unklar, in welche Richtung sich die SPD nach ihrem Führungswechsel entwickeln wird. Ein bisschen zurück in die Vergangenheit oder in eine traditionsgeerdete Zukunft?

Zum Schluss

Die Welt um uns herum ist unübersichtlich und instabil geworden. Allein mit einem Phänomen wie dem Brexit hätte in Deutschland vor zehn Jahren kein Mensch gerechnet. Kurz vor dem Referendum besuchte ich meine Schwester in Bristol, sie ist dort verheiratet, arbeitet als Kuratorin am Museum, hat eine kleine Tochter. »Wir sehen schwarz«, sagte sie: »Die Stimmung gegenüber der EU ist grauenhaft«. Großbritannien stimmte für »Leave«. Inzwischen gehören Feindseligkeiten gegen EU-Ausländer in England zwar noch nicht zum guten Ton, so weit ist es nicht, aber sie kommen vor, auch in gehobenen Kreisen. Dass der Zusammenhalt der Europäischen Union jemals auf dem Spiel stehen würde – lange Zeit kein Thema in der sechzigjährigen EU-Erfolgsgeschichte.

Putins autokratisch regiertes Russland, seine Internet-Trolle und Hacker-Geschwader – was für eine Entwicklung nach Glasnost und Perestrojka.

Die Türkei schien zu Anfang des Jahrhunderts schon so nah an einer möglichen EU-Mitgliedschaft zu sein. Wenn man mit jungen türkischen Intellektuellen in der Istanbuler Kunsthalle am Bosporus saß, hätte man auch in London sein können, nur bei besserem Wetter. Und jetzt beseitigt Präsident Recep Tayyip Erdoğan die Demokratie in der Türkei, sperrt Oppositionelle, Journalisten, Soldaten und Beamte ein und greift nach der absoluten Macht im Staat. Deutschtürken stimmen in großer Zahl für ein Referendum, das ihm absolute Macht sichert.

Ein Mann im Weißen Haus, von dem man offenbar mit guten Gründen sagen kann, er sei vollkommen unberechenbar.

Was waren es doch für idyllische Zeiten, als wir nur mehr darüber streiten mussten, ob die Agenda 2010 in Zeiten der Massenarbeitslosigkeit ein Segen für den Arbeitsmarkt oder ein sozialpolitischer Kahlschlag sei. Es ist nicht so wahrscheinlich, dass die Zeiten wieder beschaulicher werden. Das mag uns Deutschen ärgerlich und unbequem vorkommen. Aber wir dürfen nicht vergessen, dass wir für viele Menschen auf der Welt gerade jetzt in einer Art von unerreichbarem Paradies leben. Wir sind das Land, das in Europa für Stabilität sorgen kann und muss – und das wiederum behutsam, ohne die anderen zu bevormunden. Deshalb scheint es mir wichtig, dass die Sozialdemokratie kein falsches Bild von Deutschland zeichnet. Wir alle sollten uns kein falsches Bild machen: Das Land ist im Vergleich mit dem Rest der Welt nicht in sich »tief gespalten«. Es hat ungeheuren Wohlstand, einen großartigen Rechtsstaat, maximale individuelle Freiheit. Zwar gibt es ganz konkrete soziale Probleme, Bildungsmisserfolge, entglittene Stadtlandschaften, individuelles Unglück. Das Land ist aber stark genug, dagegen sehr gezielt etwas zu unternehmen. Was *das Richtige* zu tun ist, darüber müsste hierzulande viel mehr gestritten werden.

Was Streit angeht, so ist das deutsche Publikum sehr gespalten: Einerseits klagt man gern (in unguter antidemokratischer Tradition) über das »Parteiengezänk« und sehnt sich nach Harmonie und starker Führung. Andererseits lautete einer der Hauptvorwürfe gegen Angela Merkel und die Große Koalition, sie stellten den demokratischen Diskurs kalt; der GroKo-Konsens sei so überwältigend, dass er jede lebendige Auseinandersetzung verhindere und nur die politischen Ränder stärke.

Angesichts der Weltlage und der deutschen Rolle darin ist es nicht egal, wie wir in Zukunft regiert werden. Grundsätzlich ist schon heute fast alles möglich: Dreizehn unterschiedliche Koalitionen amtieren im Bund und in den Ländern (Stand März 2017): Schwarz-Rot im Bund und im Saarland, Rot-Schwarz in Mecklenburg-Vorpommern, Rot-Rot-Grün unter SPD-Führung in Berlin, Rot-Rot-Grün unter Linksparteiführung in Thüringen, Schwarz-Grün in Hessen, Grün-Schwarz in Baden-Württemberg, Schwarz-Rot-Grün in Sachsen-Anhalt, Rot-Grün-Gelb in Rheinland-Pfalz, Rot-Grün in Nordrhein-Westfalen, Niedersachsen und Hamburg, Rot-Grün-SSW in Schleswig-Holstein, Rot-Rot in Brandenburg, Schwarz-Gelb in Sachsen, CSU in Bayern. Vormals »kleine« Parteien wie Grüne und Linke können auf einmal Regierungschefs stellen.

Ob SPD / CDU oder noch einmal CDU / SPD: Die Große Koalition bietet die größte außenpolitische Berechenbarkeit. Wir haben das dienstälteste Kabinett in Europa, handlungsfähiger als jede andere nationale Regierung. Man kann dafür argumentieren, dass das mehr Gewicht haben sollte als alle anderen Erwägungen. Und auch wenn der Bundestagswahlkampf immer Überzeichnungen verlangt: Die unionsgeführten Regierungen seit 2005 haben Deutschland nicht zu einem ungerechten Land gemacht. Vielmehr hat sich die CDU bis an die Grenzen der Selbstaufgabe sozialdemokratisiert.

Was eine neue GroKo vermeiden müsste, wäre das fortgesetzte Gefühl von Diskurs-Stillstand. Vielmehr müssten ihre Repräsentanten viel stärker öffentlich um die richtige Politik ringen.

Alle anderen aus sozialdemokratischer Sicht denkbaren Konstellationen tragen Sollbruchstellen in sich. Man kann sich beispielsweise Christian Lindner von der FDP nur schwer als Wirtschaftsminister vorstellen, der die Rückkehr in den vorschröderschen Sozialstaat bundesrepublikanischer Prägung umsetzte. Auch die Grünen dürften irritiert darüber sein, wie das rot-grüne Agenda-Projekt ohne große Umstände abgeräumt wurde.

Außen- und sicherheitspolitisch ist eine Koalition mit der Linkspartei nach wie vor praktisch ausgeschlossen – es sei denn, die Linke wäre bereit, ihre Haltung zur Nato, zu den Auslandseinsätzen der Bundeswehr und zur Zukunft der EU unter einen »*We agree to disagree*«-Vorbehalt zu stellen. 2016 schien das undenkbar, 2017 schlug Sahra Wagenknecht schon mildere Töne an. Aber der Graben ist sehr tief.

Wenn es darauf ankam, hat sich die SPD eigentlich immer für das entschieden, was ihr aufrichtig das Beste für das Land zu sein schien. Sie braucht keine depressive Partei zu sein. Sie kann ihren Burnout überwinden, ohne gleich wieder zu überdrehen. Sie hat jetzt wieder eine Chance, federführend am Modell Deutschland zu arbeiten. Es wäre gut für alle, nicht nur für ihre eigenen Anhänger, wenn sie dabei erfolgreich wäre. Sechsunddreißig Prozent der Wahlberechtigten konnten sich sogar 2016 »vorstellen«, SPD zu wählen. Das waren, selbst zu finstersten Krisenzeiten, 22 Millionen erwachsene Deutsche.

Dank

Wie immer danke ich Hans-Peter – für alles. Und Charlotte auch. Karin Graf war wie immer die beste Agentin der Welt. Julia Hoffmann danke ich für ihr unerschütterliches Lektorat und dem hoffnungsvollen Neumitglied Adrian für die großartige Hilfe mit dem Manuskript und viele nützliche Anregungen und Proteste.